Yuiga Kitano

北野唯我 著

扼杀天才
的凡人

刘德萍 译

中国出版集团

东方出版中心

致所有苦恼于职场人际关系的人

图书在版编目（CIP）数据

扼杀天才的凡人：致所有苦恼于职场人际关系的人 /
（日）北野唯我著；刘德萍译. —上海：东方出版中心，
2023.5
ISBN 978-7-5473-2192-8

Ⅰ.①扼… Ⅱ.①北… ②刘… Ⅲ.①办公室—人际
关系学 Ⅳ.①C912.15

中国国家版本馆CIP数据核字（2023）第079269号

TENSAI WO KOROSU BONJIN written by Yuiga Kitano.
Copyright ©2019 by Yuiga Kitano. All rights reserved.
Originally published in Japan by Nikkei Publishing Inc.（renamed Nikkei
Business Publications, Inc. from April 1, 2020）
Simplified Chinese translation rights arranged with Nikkei Business
Publications,Inc. through Bardon-Chinese Media-Agency.

上海市版权局著作权合同登记：图字09-2023-0539号

扼杀天才的凡人：致所有苦恼于职场人际关系的人

著　　者　北野唯我
译　　者　刘德萍
责任编辑　王欢欢
装帧设计　赵　瑾

出版发行　东方出版中心有限公司
地　　址　上海市仙霞路345号
邮政编码　200336
电　　话　021-62417400
印 刷 者　上海盛通时代印刷有限公司

开　　本　890mm×1240mm　1/32
印　　张　6.5
字　　数　135千字
版　　次　2023年8月第1版
印　　次　2023年8月第1次印刷
定　　价　48.00元

本书由博客"凡人有时会扼杀天才的理由"改编而成。该博客发布后浏览量迅速超过了 30 万，引起了很大的反响。

在日复一日的工作中突然想到的事情：

我为什么无法像那个人一样能干？

我到底擅长什么呢？

为什么那个人会做出那样的举动呢？

为什么我工作的这个单位人际关系这么紧张呢？

怎么做才能得到更高的评价呢？

我该往哪儿走呢？

这个世界
由天才、秀才和凡人构成

天才
被评价的依据
是"创造性"

秀才
被评价的依据
是"再现性"

凡人
被评价的依据
是"共鸣性"

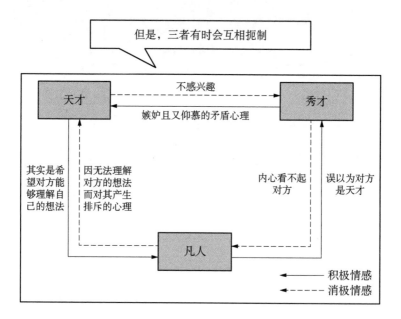

来吧，让我们开启才能之旅吧！

天才生活在物理的世界，秀才生活在法律的世界。

要知道上天赐予自己的身份是什么！

秀才对天才抱有"既嫉妒又仰慕"的矛盾心理。

天才的作用是推动世界向前发展，而这离不开凡人的协助。

你拥有成为"共鸣之神"的才能。

目录

第 2 章
相反的才能　071

前 言

在日复一日的工作中，你是否有"不甘心"的时候？比如"我为什么无法像那个人一样能干？""我为什么不能清楚地表达自己的想法？""为什么大家都不理解我？"等等。

我就有过这样的想法。

但是，出现这种想法并不稀奇，只要是认真工作的人，一生中至少会有一次觉得"不甘心"或者懊恼"为什么事情变成这个样子"的时候。

而且，人们往往误以为这种"不甘心"是因为他人而产生的，实际上不是的。我认为之所以不甘心，是因为自己没有充分发挥自己的才能而感到焦虑和悲伤。

正因为如此，人们才会懊恼，"本来可以做得更好的，但是……"。

解决这一问题的关键在于如何理解"才能的本质"，认清自己的才能究竟是什么。

但是，冷静思考一下就会发现这是一个非常难的问题。只有相当了解自己的人，才能在被询问"你有什么才能"时当场直接给出答案，而大部分人都会一时难以回答吧。

本书将才能定义为"商界必需的三个要素"，并会逐步说明有效发挥才能的方法。

　　读完本书你将会得到以下三点启示：

　　第一，逐步提高自己才能的方法；

　　第二，在工作中充分发挥自己才能的具体方法；

　　第三，组织内部将不同的才能整合到一起的方法。

　　本书讲述的故事中的三位主人公——"天才""秀才"和
"凡人"——并不是某一特定的具体人物，而是在你的身体里同
时存在着的三种人。他们在日常的工作中有时对抗，有时合作。

　　本书将首先为读者解明"为什么凡人有时会扼杀天才"，以
此来解开第一个才能——"创造性"。

　　来吧，让我们开启一场理解并热爱才能的旅程吧。

第 1 章

究竟什么是"才能"

安娜时代结束了？

"青野，这篇报道，看到了吗？"

"看……看到了……"

周刊杂志上一个醒目的标题——"超凡魅力女社长，事态失控加速！将企业私有化的原超凡魅力社长，年收入××××万日元!?"

眼前的男人目光锐利，继续说道："你的工作就是阻止这类报道出现吧？"

唉……确实如此。我的工作是企业宣传，负责提高企业的品牌形象。

眼前的男人、财务会计部部长上山盯着我的职员证又说道："正因为有你这种只靠社长的关系走后门的人，所以才没能阻止此类事情的发生。"

青野彻——我的职员编号为0003。在我们公司，职员编号按照入职顺序排列。也就是说，我是公司创立以来入职的第三个职员。

"对……对不起……"

"总之，如果这一期的考核你还是这样的话，那就只能给你减工资了。现在我们公司的业绩状况不好，所以你的奖金也要取消。你要想办法改善主要KPI（关键绩效指标）。"

"是……是。"

实际上这两年，我的工资一直在下降。

外企出身的神笑秀一担任首席财务官（CFO）以后，公司开始奉行实力主义。在这之前，因为是公司老员工，所以总觉得拿的工资还算过得去，但是自从开始用严格的数据来评价各项指标后，我的工作几乎都被评价为"无法量化"，连续两年都是最低评价"D"。因此，我被起了个外号"社长海葵"，意为只是黏附社长的人。

这种时候，我总会感到一种无法言喻的空虚感，进而开始耽于空想。

"那时候真开心啊。"

那时公司正处于创业阶段。我 25 岁。社长、我，还有公司其他成员，大家如一块铁板般紧密地团结在一起。虽然忙得像陀螺一般，但是大家每天都很开心，向着同一个目标努力奋斗。自那时起已经过去 10 年了。

"只能跳槽了吗？"

这一年里，关于跳槽的问题我大概想过不下 4 次。

实际上，我也试着找过新工作。但是每当被问到"某个问题"时，我都不知如何回答。

"如果你加入我们公司，你想做什么？"

想做什么？我想做什么？

想了想，但却不知道该怎么回答。

当然，我也可以随便回答敷衍一下。但是只要一想到实际情况，我无论如何都不知道自己"想做什么"。

我加入现在这个公司的理由只有一个。

那就是与上纳安娜的相遇。

"天才啊！"

第一次见到她的时候，我被她的才能所震惊，那瞬间犹如电流席卷全身。因此，我无法想象在没有她的公司我能做什么。

我们公司的业务是技术开发和服务。以图像识别和语音识别为中心，开展对安全公司的系统开发和检索引擎系统的委托制作等业务。最近还开始提供最适用于智能手机的视频制作服务，也就是所谓的"技术公司"。

我松了松领带。这样的日子我不想一个人待着，于是跟同事一起去喝酒。

※ ※ ※

"唉，我们公司也要倒闭了吗？"

我和同事进了家居酒屋。这是一家随处可见的连锁店。与我同期入职的横田和一个后来入职的同事感叹道。

"哎呀，有种上纳安娜也要完蛋了的感觉，是吧？那个采访，你们看到了吗？"

"啊，看了。太让人失望了。社长真是只考虑自己啊……亏我以前还是上纳安娜的粉丝。"

"我也是。"

"嘿嘿，虽然将近 40 岁了，但也仍然是个美人啊。"

"哈哈哈哈哈。"两个人的笑声充斥着整个居酒屋。听到这些，我急了。

他们什么都不知道。

我反驳道："你们说的不对，上纳安娜时代还没有结束。"

我刚说完，他们就露出了"又来了"的表情。

"好啦好啦，又来了。"

与我同期入职的横田说道。

我回了一句："还有，不要说社长坏话。太难看了吧。"

"嗬，公司宣传员讲话了啊。但是，是真的吗？她的时代不是已经结束了吗？"

"怎么可能结束呢？你以为是谁创建的这个公司，别说不负责任的话。"

上纳安娜，她创建了这家公司，是公司社长。公司名为"CANNA"，取自她的名字ANNA。

"别……别，青野君，别那么激动啊。"

横田打断了后入职的同事劝解的话，说道："但是啊，青野。就算退一百步像你说的那样，也就是说就算她的时代没有结束，那么把这些完美地展现给世人，不应该是你的工作吗？"

"咦，你什么意思？"

"所谓的宣传，不就是用专业的手段将公司形象完美地展现给世人吗？"

"嗯，话是那么说……"

"既然这样，那么不负责任的应该是你吧？"

他说得对。确实是因为我的无能而没有让公司内外充分看到上纳安娜的魅力。我只能低头。

该如何表达此刻的心情呢？自己从内心深处觉得好的事情，却因为自己能力不足而无法让对方充分了解的时候，该愤怒？悲伤？不。

现在，上纳安娜这个"天才"即将被扼杀。我能为她做的事情已经没有了吗？

也许是察觉到了气氛，后入职的同事嘟囔道："但是啊，青野前辈也很痛苦吧，横田君也不要那么苛责前辈了。"

"哈哈哈，是啊，对不起，青野。"

说完，横田啪的一声拍了我的肩膀。

不是的。

我不是在为我自己辩解。我想说的是，诞生于这个世界的"天才"，现在，即将被扼杀，而我虽然知道，却什么也做不了。

就是那种无力感。这种心情用语言表达出来，那就是不甘心。

八公开口

我徘徊在深夜的涩谷街头。

有人大喊："啊！下雨了！"

偏偏这种日子，就是不走运。很多人向车站跑去。雨势突然变强，大雨倾盆而下，周围的人瞬间跑没了。

我站在平时总是人山人海的八公像前，呆呆地抬头看。

我感觉到八公在看我。

"这种大雨天，你挺不容易的啊……"

被雨水浸透的西装下摆又湿又冷。八公不畏风雨，目光坚定地注视前方。

"狗吗……狗是被所有人都喜欢的存在……我甚至都想向狗请教一下如何令人喜欢的秘诀了。"

我对着狗（八公）的铜像自言自语地说出了这句无奈且又愚蠢的话。

一瞬间我觉得狗的嘴角上扬了。

不可能，一定是我的错觉。雨下大了。站在空无一人的涩谷街头，我在心中大喊。

拜托了。请一定要帮帮我。我想救上纳安娜。因为她是我人生中第一次为其"才能"而倾倒的人！

"我会帮你实现你的愿望。汪汪！"

"咦……？"

※　※　※

第二天早晨醒来，我竟然发现眼前蹲着一只狗。

"早！"

咦？狗在说话……看起来就是忠犬八公本尊。虽然无论怎么看都是只秋田犬，但是这只狗却在口吐人言。

"早！"

这所见所闻实在是令人难以置信。怀疑过后，我问："你……你……你是谁？"

"我是狗。"

"啊，这个一看就知道，可是，你为什么会说人话？"

"因为我是一只会说人话的狗啊。"

"不，我说的不是那个意思……"

"那你是什么意思？"

"请问阁下是哪位？"

不知为何我下意识地使用了敬语。

"我？"

"是。"

"我是 CWO。"

CWO？是类似于首席执行官（CEO）吗？

我总有种看着一个来路不明的东西的感觉。

"CWO……那……那是什么？"

"首席・汪汪・执行官。"

"首……首……？"

009

"首席·汪汪·执行官。"

"啊，难道是因为是狗所以才叫汪的吗？"

"是啊。"

"听您的口音是关西方言里微妙地掺杂了东北方言？"

"那是因为我是在大阪长大的秋田犬。"

"回……，我要回家了。"

"回家？这儿就是你家啊。"

"啊，那……那我去公司。"

"等等，等等。我刚刚是骗你的，跟你开玩笑的。你这家伙怎么连这都不懂。亏你还是个关西人。实际上，我是CTO，CTO!"

CTO？首席技术官……但是，却是只狗？

我看着狗爪。圆圆的、肉乎乎的。用这个爪子怎么可能搞技术……

呵呵呵，连狗都在戏弄我。

也许是看穿了我的想法，眼前的狗微微一笑。

"不，T是talent（才能）的T。CTO意为掌管所有才能的首席才能掌控官！是通晓才能，站在生物链顶端的男子！"

CTO：Chief Talent Officer

"啊……啊？"

"你昨天不是说'希望狗能教我如何令人喜欢的秘诀'吗？那么，我给你出道题。你认为我们'狗的才能'是什么？"

"狗的才能？"

"是啊。可是你不觉得奇怪吗？狗在现代几乎没有用处。不仅如此，还需要花钱买狗粮，狗会随处大小便，必须得每日牵出去散步。但是，人们却喜欢得不行。即使狗什么都不做，主人也会主动喂食，在狗身上花费大量的时间和金钱。"

确实很少有像狗那样需要人费心照顾，但又令人无比喜欢的动物。

"嗯，这么一说也的确是……"

"对吧！为什么狗能够让人那么喜欢它呢？原因有三点，你知道是什么吗？现在我们开始迈出理解才能的第一步。"

"狗被人喜欢的原因……是因为可爱吗？"

"啊啊，愚蠢，太愚蠢了。你说话不经大脑的吗？世上只有'可爱'这一优点的动物多如牛毛。"

"的……的确是。"

"那就是小小的、圆滚滚的，有些呆萌。"

"小小的、圆滚滚的，有些呆萌？"

"对。这个世界上被人喜欢的都是这种形象的，比如婴儿。"

"确实是小小的、圆滚滚的，有些呆萌。"

"对吧。熊本熊、凯蒂猫，这些都是小小的、圆滚滚的，有些呆萌的吧。"

"确实……如你所说。"

"人并不是因为完美而被人喜欢。倒不如说恰恰相反，正是因为不完美，亮出了弱点才会被喜欢。我们犬界亦是如此。狗有时会给人带来麻烦吧？但是，即使那样狗还是会被原谅。而且还有这样一句格言——如果遇到困难，就给对方看你的肚子和小鸡鸡。"

这样说着，八公扑通一下仰躺在地上，边给我看肚子和臀部，边扑腾爪子。

八公继续说："这个举动就是主动暴露自己的弱点。明白了吗？"

"是，是！"

八公说了句"就是这样！"之后就一咕噜翻过身，继续说："听着，越是学历高、工作能干的人越容易有这样的误解，即因为能力强所以被喜欢。但是，恰恰相反。正因为有弱点，人才会被喜欢。也就是说，狗的才能是'被爱的空白'。"

"被爱的空白……?"

的确，这让我想到一个人。那就是上纳安娜，她的情况正是如此。她不是完美的。她也有很多做不到的事情。但是，这正是她的魅力所在，让人忍不住想帮助她。只是，这跟才能有什么关系呢?

"是，是……这个我理解。但是，我不太明白您刚才说的是什么。"

"问一问你自己的心!"

"我的心?"

"昨晚，你不是因为有苦恼的事才跟我商量的吗?"

我想起了昨晚大醉之下说的胡话。但是，确实是有苦恼的事。

"的确如您所说。因工作不顺而觉得'不甘心'……"

"人们大部分的苦恼都是一样的。这些苦恼都源自于'想强迫控制自己掌控不了的事情'。"

"掌控不了的事情?"

"比如说，工作上部下不听话之类的。但是，别人本来就无法控制。或者，无视对方的心情，强行推进谈话。以自己的外表和家世为借口，辩解自己为什么做不到。其实，人们烦恼的根源都是一样的吧?"

一样? 是一样的吗?

八公继续说:"全都是想强迫控制'自己掌控不了的事情'。比如，即使能带狗去池塘，但却不能强迫狗喝水。"

"那又不是马……?"

虽然小声反驳，但我还是重新审视了自己。

"自己应该能做得更好。""为什么会变成这样呢?"当有这种念头的时候,也许我就是在想要控制自己无法掌控的事情。

八公继续说:"我给你出个智力题。人是所有生物中掌控欲最强的,那么人类苦恼的最大根源是什么?"

"嗯,是……别人吗?"

"别人是第二大根源。你听好,第一大根源是'自己的才能'。换句话说就是'执着地追求自己没有的东西'。也就是说,人类最大的苦恼就产生于'想控制自己的才能的时候'。说到这儿,你想到什么了没有?"

我想到了很多事情。

我从小时候起就一直这样。"如果能生得更帅点的话","如果能生得更多金的话","如果能更精明能干的话","如果更聪明的话","要是再高 5 厘米的话",这样的烦恼一直在不断地重复着。

"但是,不用悲观。那只是因为你还没有认识到自己的才能。"

"自己的才能?"

"首先,说起来啊,人的才能有三种。你觉得你接近于哪种?"

1. 有独创性的想法和着眼点,能够以人们想不到的方法推进事情的人;

2. 能够有逻辑性地思考事物,重视体系、数字、秩序,踏实地推进事情的人;

3. 能够敏锐地察觉到对方的情感和当时的气氛,预测对方的反应并行动的人。

"这……这是什么?"

"少废话，赶紧选！"

"嗯……好像是第三种？我觉得我擅长察言观色。"

"啊，那你就是属于凡人那一类的。"

"凡……凡人？"

"以'共鸣性'为中心来推动事情的发展，这类人属于凡人，明白了吗？人有创造性、再现性、共鸣性这三种才能。而这三种才能又分别与天才、秀才、凡人这三类人相对应。你属于凡人。"

如果是平时的话，我可能会生气。但是这次我怒不起来。因为我比任何人都深知自己确实是一介凡人。

"凡人……吗？"

"是的。"

"的确，老实说从这三点来看，我可能真的是凡人。但是，正因为如此，我才会烦恼。"

我坦白道："我从内心里非常仰慕天才。"

"对天才的仰慕，哎呀，你的心情我不是不理解。但是啊，天才并没有你想象的那般好。因为天才有时会在进行变革的过程中被你们这样的凡人扼杀。"

"凡人有时会扼杀天才？……"

"是。"

凡人扼杀天才的理由

"世上确实存在被称为天才的人。不论结果是好是坏，天才大多会推动世界向前发展。但是，他们在进行变革的过程中，大多会被人扼杀。这种'扼杀'既包括物理意义上的，也包括精神意义上的。"

"为……为什么？"

"其原因大多是'交流的断绝'。而且，这与'大企业无法创新的理由'是相同的。"

我满脑子都是问号。

为什么我会扼杀天才？为什么这与企业无法创新的理由相同？

"我完全听不懂你的话。"

"听着，每个组织都有一个被天才所统领的时代。当那个时代结束后，就会迎来被秀才所统领的时代。那时，组织就会开始进入一个由凡人管理天才的时代。于是，天才就会灭亡，无法再进行'创新'。这一过程正如图1所示。你一定要了解这个过程形成的原因。这是理解才能的第一步。"

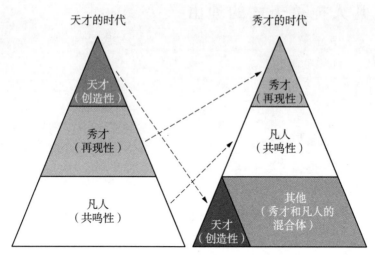

图 1　从"天才的时代"到"秀才的时代"

天才、秀才和凡人的关系

说完这些，眼前的狗画了一张图（见图2）。

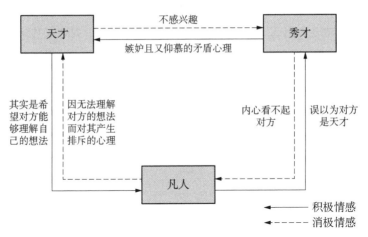

图2　天才、秀才和凡人的关系

"首先最重要的是这三者之间的关系。从这张图上你能领悟到什么？"

"箭头从天才开始延伸。"

"对。首先，天才对秀才'不感兴趣'。但是另一方面，天才对凡人的态度却出人意料，他们希望凡人'能够理解自己的想法'。"

"希望凡人能够理解自己的想法？"

我想到了上纳安娜。从图上可以看到，她向"凡人"寻求理解，是这个意思吗？

八公继续说："天才的作用就是推动世界向前发展，而这离不开'凡人'的协助。再加上'商业性成功'的果实基本上都掌握在人数占比居于大多数的'凡人'手里。更进一步说，天才因为从小时候开始就经常被凡人欺负，所以'想要被理解'的想法在他们的心里早已根深蒂固。"

天才的童年时期都是孤独的？

确实，不管是爱因斯坦还是史蒂夫·乔布斯，天才给人的印象都是在童年时期就不被众人理解。

"相反，凡人对天才却是非常的冷酷。凡人因为在天才做出成果之前无法正确辨别其是不是天才，所以将其视为扰乱交流融洽氛围的异类，对其极力排斥。这种'天才和凡人'双方之间'交流的断绝'正是扼杀天才的主要原因。"

"交流的断绝……也就是说，即使说了也无法将自己的想法准确传达给对方？"

"嗯。说起来，'判断标准和评价'这两个因素会导致交流断绝现象的发生。"

判断标准：人判断"价值"的前提，是绝对的。

评价：根据判断标准来评价"Good"（好）或者"Bad"（坏），是相对的。

"打个比方，假设你喜欢足球，而你的朋友不喜欢足球。"

"哦，哦。"

"两个人吵架了。此时的交流断绝的起因就是'评价'。具体来说，是由对对方的想法'能否产生共鸣'来决定的。对'喜欢

018

鹿岛安东拉兹'① 这个评价，能产生共鸣的就是 Good，不能产生共鸣的就是 Bad。明白了吗？"

"嗯……有点儿……"

"你怎么这么笨呢？简单来说，你喜欢棒球还是讨厌棒球。否与对方的喜好产生共鸣。这样明白吗？"

"啊，的确是。"

"但是，这个'评价'有时会发生变化。例如，两个人彻夜交谈，你用幻灯片来说明'鹿岛安东拉兹'的魅力。朋友听了之后极为认同你的观点。这时，Good 或者 Bad 的'评价'就变了。"

"是这样啊。这就是'评价会发生变化'的意思吧。"

"嗯。这样'Good 或者 Bad 这一评价'就是相对的，而'由能否产生共鸣来决定'则是绝对的。'评价'有时会因双方之间的交流而改变，但'判断标准'却不会改变。因此，由于'判断标准不同'而导致的交流断绝，将使双方'一直处于两条平行线，无法产生交集'"。

这些我从未想过。

八公继续说："而且，天才、秀才和凡人的'判断标准'从根本上就是不同的。"

---

① "鹿岛安东拉兹"亦被译为"鹿岛鹿角足球俱乐部"。该俱乐部于 1991 年 10 月 1 日由多方共同出资成立，总部位于茨城县鹿嶋市，球队的名字 Antlers 是英语，意为鹿角，代表鹿岛神宫的神鹿，而鹿角代表了茨城县的"茨"。1993 年鹿岛鹿角成为首届日本职业足球联赛参赛球队，1996 年成功夺得日本职业联赛总冠军。之后的数年，鹿岛鹿角一直与磐田雅马哈争夺联赛冠军，成为日本球坛两大宿敌。在 2000 年鹿岛鹿角获得联赛冠军、天皇杯冠军和联赛杯冠军，成为首支日本国内赛事三冠王球队。——译者注

扼杀天才的利刃

"天才、秀才和凡人的'判断标准'不同?"

"嗯。天才以'创造性'为标准,对事物进行评价。而秀才和凡人则分别以'再现性(约等于逻辑性)'和'共鸣性'为标准来进行评价。"(见图3)

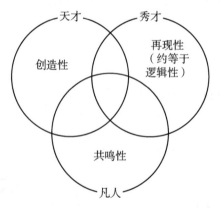

图 3 天才、秀才和凡人"判断标准"的不同

"这三个……跟你之前提到人的三种才能是相同的。"

"更具体地说,天才根据'从推动世界进步这一意义上来说,是不是创造性的'来进行评价,而凡人则根据'能否对那个人和那个人的想法产生共鸣'来进行评价。也就是说,天才和凡人的

'判断标准'是根本不同的。"

"所以，天才和凡人永远都是话不投机。"

"嗯。"

"可是，那也太可悲了。如果好好沟通的话，应该会达成一致的。"

"你想得太简单了。如果通过协商就能解决所有事情的话，为什么还会有战争呢？为什么还会不断地出现校园霸凌事件？说什么只要协商就能解决所有事情，那只是一个弥天大谎。不是吗？"

"呃……"

"原本这个'判断标准'本身没有优劣之分。但是，问题的关键在于这两种人的'人数差距'。从人数上看，凡人的数量远远大于天才，两者之间有着近数百万倍的差距。所以，凡人如果想要扼杀天才的话，那将是一件极其简单的事情。历史人物中最容易理解的例子大概就是基督教的创始人——耶稣吧。这在商业上也是相同的。"

"在商业上也是相同的？"

"职场上也有因才能过于突出而被攻击、抹杀的人吧？"

"确实有。"

"这就是了。商界亦是如此。Airbnb（爱彼迎）、Uber（优步）、iMac（苹果笔记本）等等皆是如此。当一项革新性服务产品诞生的时候，大多会'差点被凡人扼杀在萌芽阶段'。这是理所当然的，因为凡人无法理解做出成果之前的天才。"

"但是，这也不至于让人觉得天才那么容易就会泯灭吧？"

"你错了。凡人有武器。他们拥有能够扼杀天才的利刃。那把利刃名为'不被理解'。"

"不被理解？"

"嗯。不被理解，正是一把扼杀天才的利刃。"

上纳安娜，对我来说就是一个天才。

她现在即将被不被理解这把利刃扼杀。

"所以说，实际上这与大企业无法创新的理由是相同的。"

大企业无法创新的理由

"这……这是什么意思?"

"大企业无法创新的理由是用一个 KPI 来衡量三个不同的'判断标准'。"

我又是满脑子问号。

"以前有个男子曾作为大企业的经营企划部成员,参与过'公司内部的创新竞赛'。他那时就有一种强烈的违和感。后来他开始创业后,才弄明白违和感产生的原因。那就是革新性的事业,用现有 KPI 是'绝对无法衡量的'。"(见表1)

表 1　用现有 KPI 无法衡量天才和创造性

项目	创造性	再现性	共鸣性
商业价值链	创造	扩大	创造利润
负责人	天才	秀才	凡人
衡量价值的指标	??? (没有适当的 KPI)	事业 KPI (CVR、LTV、访问数、生产性等过程 KPI)	财务/会计 KPI (能够载入 PL、BS 的 KPI)

注: CVR 为客户转化率、LTV 为客户终身价值、PL 为利润表、BS 为资产负债表。

"用现有 KPI 无法衡量?"

"是,就比如像艺术。虽然所有伟大的商业都要经历'制

作→扩大→创造利润'三个阶段，但是适合衡量各个阶段的 KPI
却是不同的。其中，'扩大'和'创造利润'阶段的 KPI 很容易
理解。"

八公继续说："'扩大'可以用'事业 KPI'，'创造利润'可
以用'财务 KPI'来衡量。商业发展的过程之所以如此科学，都
是经营学发展的功劳。但是，问题是这些都无法衡量'创造性'。
换言之，就是没有衡量'是不是天才'的指标。"

"没有衡量'是不是天才'的指标？"

"是。真正有创造性的东西都是人们还未曾见到过的，说白
了就是'无法定义'的东西。不，准确地说是无法'直接'定义
的东西。"

我拼命地跟着它的思路，但还是一头雾水。

"人们确实无法直接观察到对方是否具有创造性。但是却可
以根据社会对他'排斥的程度'来间接观察"（见图 4）。

根据社会对其"排斥的程度"，
可以在一定程度上预测是否具有"创造性"。

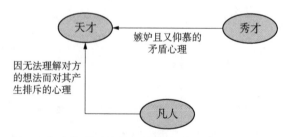

图 4　可以根据排斥的程度来间接观察其是否具有创造性

"排斥的程度？"

"嗯。具体来说就是'生活在共鸣世界的人们所表现出的初
期排斥'。换言之，就是像你这样的家伙，其想法具有创造性。"

"创造性，可以间接观察……"

"是的。爱彼迎（Airbnb）和优步（Uber）创业时，都遭到了社会的'强烈反对'。也可以说这与优秀的艺术都需要某种'恐惧'是相同的。"

"需要恐惧？"

"是。本来，企业要想进行破坏性创新，就应该在KPI中设置'排斥的程度（和强度）'这一指标，但这一般是办不到的。因为大企业是'在人数众多的凡人（普通人）的支持下运营的'。在KPI中设置排斥的程度这一指标，加速企业创新速度，会给自己的公司带来破产的风险。这就是从人类动力学的角度来解释的破坏性创新理论（由克莱顿·克里斯坦森首创）。"

"因为我们排斥，所以无法进行创新？"

"真是讽刺啊。扼杀天才经营者的就是像你这样的凡人。"

"不，不，至少我没有做过那样的事。"

"不，你做过。"

"太……太过分了。不，我没有做过，绝对没有做过！"

"哈哈哈。"

"你在笑什么！别开玩笑了！"

"行了，正是你的这种反应证明了这个理论是'创造性'的。"

"请不要开玩笑。我是认真的！"

"坦率地说，关于凡人扼杀天才的理由这段话，一般人第一次听到的时候，都会一时难以相信。那是当然的。因为是'没听说过的话'嘛。而且，你知道为什么吗？那是因为凡人非常喜欢天才。"

"凡……凡人非常喜欢天才？"

"是。"

"你刚才还说凡人扼杀天才，乱七八糟的，你到底在说什么呀!"

我渐渐地有些生气。

"听着。凡人就是奥赛罗。这就犹如奥赛罗游戏。凡人对于还没做出成果的天才真的很冷酷,冷酷得可怕。但是,一旦天才做出成果,他们就态度大变,高呼'厉害!太厉害了!真是天才啊!'然而,他们的这个反应却会第二次扼杀天才。"

"第二次扼杀……?"

"你继续听我说,时代会变化,而时代变化就意味着规则也会发生变化。而且,如果游戏规则变了,那么天才也会失败,出错。于是,凡人就会马上翻脸,冷嘲热讽'那个家伙完蛋了'。看到刚刚还在大肆夸赞自己的凡人突然改变态度的样子,天才就会变得更加孤独。"

"变得更加孤独……?"

"天才会这样认为,'啊,果然自己还是无法被世界理解啊'。这时天才的脑子里就会闪现不好的念头。就算是文学天才、演艺天才、商业天才,这些人中也有在成功后做出其他不好的选择。"

"不好的选择……?"

"天才会被扼杀两次。第一次是在做出成果之前,而第二次则是在做出成果之后。"

我不想相信。

但是又似乎有些明白。

从上纳安娜还只是个普通人的时候,我就一直关注着她。她成功了,世人称她为"天才"。但是时代变了,她现在拿不出成果了。于是乎世人是怎么对待她的呢?

之前很多一直崇拜地高呼"社长!社长!"的员工开始翻脸。看到这些,我感到非常气愤。

"光是想想就觉得心痛。"

想到这,刚才的愤怒突然消失了。

"哎哟，你刚才的那股气势怎么没了？"

"……像我这样的凡人才是扼杀天才的凶手，被你这样说的时候我一时没明白过来，很生气。但是，确实如你所说，对天才态度大变、让天才痛苦的也许真的是我们。"

"哈哈哈，你终于认识到了啊。这既是以'共鸣性'为标准生活的人的弱点，也是其魅力之所在。也就是说，Good 或者 Bad 这个评价很容易发生变化。现在正是你亲身感受'奥赛罗的棋子翻转的瞬间'的时候。"

"原来如此……"

"话说回来。总之，'创造性'是无法直接观察的。那是因为创造性的东西原本就不适用于现有的框架，所以也就没有框架。"

我欲言又止，半晌吞吞吐吐地说："但是……但是……这样的话就没有办法拯救天才了。这种情况不能避免吗？实在太让人难过了。毕竟天才即将被扼杀。我们就只能眼睁睁地看着，什么都做不了吗？"

"不，有办法。"

"那就请你告诉我！！"

"那就是'天才·秀才·凡人的才能论'。"

※　　※　　※

这也许不是一只普通的狗。

我感到非常不可思议。

它的话也许会让人不喜欢。但是它提出的敏锐的观点都是我闻所未闻的。

八公继续说："'天才·秀才·凡人的才能论'可不是那种很容易就能掌握的。它分三个阶段。今天先讲第一阶段的入门，你要好好记住。"

创造性，是可以根据凡人"排斥的程度"来"间接"观察的。

"正因为如此，也许越是'一看就想反对的东西'，就越有创造性的潜质。"

"那……怎么办才好呢？怎么才能保护天才呢？"

我想早点知道答案。

"哎呀，别着急。答案早晚会知道。有吃的吗？我肚子饿了。"

说完，八公就闹着要吃狗粮。我勉勉强强地决定去买狗粮，出门前我问他："那个……能告诉我你的名字吗？"

"我？我叫肯。因为'肯'与日语里的'犬'谐音。"

"肯"这个谜一样会说话的狗，他究竟会带来什么。我完全不知道。

但是，如果这只狗说的是真的，那不就是说如果现在的项目失败了的话，就会有黑暗的未来在等着上纳安娜吗？

那种结局，我一定要竭力阻止。

混乱的经营会议

办公室。那天的经营会议，现场混乱，争论不休。

社长上纳安娜坚持自己的意见。

"我想继续推进这个项目。"

黑色高领突出了身体线条的美感。

CFO 神笑秀一马上反驳。

"社长，这个项目每年的赤字高达 3 亿日元，而且本期的主要 KPI 也全都没完成。这样下去的话，无法向投资方交代啊。"

神笑在日本国内最难考的大学毕业后，去哈佛大学留学并取得了硕士学位，是美国投资银行出身的精英。具有标志性的短发和轮廓分明的相貌，散发着海归人士的气息。

安娜没有让步，继续说道："对我来说，投资方什么的无所谓，最重要的是客人有多热衷。而且，从长远来看，投资方也一定会明白这一点的。"

CEO 上纳安娜与 CFO 神笑秀一，这两个人正是分属直觉派和理论派。在经营会议讨论的议题上，他们的意见总是对立的。

安娜不让步的话，神笑也不会让步。神笑继续反驳。

"但是，进入本期后，已经对利润进行了下调。而且前几天，周刊杂志上刊登的、社长您自己的发言也表明，股价从年初开始跌幅达 10%。在公司现有项目也处于困境的情况下，按照经营理论，我们不应该做新的投资。"

"不，你说的不对。"

"啊？哪里不对？"

"你错了，神笑。正是在这种困难的时候，才必须得继续投资。公司一定会遇到风浪，如果仅仅因为股价下跌就放弃新的项目，那公司才真的会倒闭。"

实际上，像CANNA这样的技术公司，都会因"对未来的期待值"而导致股价大幅度波动。公司在5年前上市后，最初2年的股价，凭借这个"对未来的期待值"获得了很高的溢价。但是，这几年情况发生了变化。

神笑秀一继续反驳。

"安娜社长，为了解决公司发展困境我们不得不牺牲其他。否则等不到3年现金链就会断了。迄今为止，我们凭借你上纳安娜的神通力受到了市场的青睐。但是，现在你的神通力下降了。在难以从主要交易银行获得追加融资的情况下，继续投资新项目，公司真的会破产的。"

"所以，这件事我会设法解决。"

"唉……"不知从哪儿传来了叹息声。那叹息中似乎包含着"又来了""快点看清现实吧"的意思。

想想这段时间的过往，大家有此反应也是可想而知的。

曾经被称为天才创业者的上纳安娜，最近3年事业接连失败。

3年前创建的新项目，仅仅1年就出现了数亿日元的赤字，不得已取消。接下来开展的项目也是毫无进展，深陷赤字。然后每次安娜都说"我会设法解决"。

但是，现实却并没有如人所愿。

因此她所说的"会设法解决"这句话，可信度大大缩水。不仅仅是神笑秀一这样想，其他人亦是如此。

很多曾经敬慕安娜的公司上层，现在也对她的才能产生了怀疑。

事实上，两个人的意见都不是完全错误的。正如神笑所说，一方面，公司现在陷于困境，可能首先重振的应该是现有的项目；另一方面，至今为止的新项目都是社长上纳安娜一人主导的。

在这家公司，如果安娜停止了创新，那么新项目就会终止。也就是说没有了动力。

"你们双方的话都有道理。"

至少，经营会议的参会者是这样觉得的。而且，如果上纳安娜下台的话，那么接下来成为社长的就是神笑。

所以，所有人都选择了明哲保身，保持中立，没有替任何一方说话。当公司的发展开始停滞的时候，众人的关注点就从公司自身应有的发展态势转移到了公司内部的权力斗争上。

长久的沉默之后，折中派的岩崎董事说道："那么，规定一个明确的期限怎么样？"

"明确的期限？"

"是的。如果2年内不能实现盈余，就彻底取消这个项目。怎么样？"

神笑立刻订正。

"2年太长了，1年，这已是极限了。"

用1年的时间就实现盈余，那怎么可能呢？

大家都看着安娜。她深呼吸之后只说了一句话。

"知道了。就这么办吧。"

紧接着，其他董事提出疑问。

"但是，如果进展不顺利的话怎么办？怎么向投资方说明？在经营会议上被这么强烈地反对，明明知道有风险，却仍然要……"

边说边向神笑秀一使眼神。这番话恐怕是揣度了他的想法吧。

但是，神笑没有反应，双手交叉，什么也不回答，一直盯着前方。

上纳安娜闭着眼睛，然后吐出一句话："这次如果也失败了的话，我想退出社长的宝座。"

大家略微骚动了一下。

岩崎董事说："你是认……认真的?"

"啊，我决定了。一定要让这个项目成功复活。"

也就是说，这是她最后的机会。

天才离开公司的时候：安娜的决心

"我决定了。"

坐在会议室的后面听经营会议的我，不得不考虑那句话的含义。我走过去。

"安娜社长。"

会议结束后，我叫住了上纳安娜。

大概是身为创业期一员的特权吧，我可以随意和社长说话。

"怎么了？"

"'这次如果也失败了的话，我想退出社长的宝座'……您这句话是认真的吗？"

"当然是认真的。"

"但是您不会后悔吗？"我继续说，"这个公司可是安娜社长您创建的公司……您真的不后悔吗？"

她沉默了6秒，说："后悔也没办法啊……"

欸？第一次听到她语气这么软弱，我不禁怀疑自己是不是听错了。我与她认识10年了，却从未见过这样的她。

她继续说："你觉得我会甘心放弃这15年来不惜一切努力创建的公司吗？"

放弃押上全部人生创建的公司，那种断肠之痛，只要是从事商业的人都能理解。

她继续说："但是，这两年我一直在想，现在终于想通了。这家公司，现在可能即将进入下一个阶段。"

"'下一个阶段'……?"

"我觉得现在的公司不需要像我这样的经营者。倒不如说，需要像神笑那样踏实的经营者。这可能就意味着公司即将进入下一个阶段。"

这样说着，她的眼睛瞬间湿润了。拥有压倒性的才能、对自己的信心从未动摇过的安娜，第一次开始怀疑自己的才能。

看到这样的安娜，我有很多话想说，但是又说不出口。

"但是，青野，你一定要留下来!"

"欸?"

"即使到了那个地步，你也要留在公司。唯有这点我不会妥协，我会让董事保证留下你。"

"……是。"

"青野，只有你自始至终一直相信我。所以不管发生什么，我都不会让你被炒鱿鱼。绝对不会。"

"但是……"

"没有但是。这个约定必须遵守。"

"……"

"知道了吗?"

不是，不是的。

我之所以在现在的公司，是因为有社长您在，所以没有您的公司，我也没有必要再留在这里。要是能说出来就好了。只是，我没有勇气告诉她。

我低下头。

"喂，不要回避! 知道了吗?"

"……是。"

我看着安娜，尽可能用平时的表情说道："谢谢!"

安娜露出笑容，只说了句"好"就离开了。

我对她的才能是如此仰慕，以至于我无法想象没有安娜的公司……

与安娜的相遇

那正好是 10 年前。樱花盛开之日，我决定从上了 7 年的大学退学，到 CANNA 就职。

当时的她完全没有名气。我偶然听到一个总是一起参加演剧活动的、痴迷电脑的朋友说，"在网上似乎有个从英国回来的美女创作者在制作奇怪的动画"。无意中查了一下，我震惊了。

因为那并不是"奇怪的动画"之类水平的东西，而是一种超越了人类身体性的、迄今为止从未见过的艺术。当时，我虽然也在找工作，但一直没有找到自己感兴趣的公司。在看到她的资料后，我马上去了她的公司。

当时薪酬微薄的日子持续了一段时间。尽管如此，我工作得很开心，一次也没有后悔过那个选择。只要她能发光，我什么工作都可以做。

正因为如此，我无法想象"没有安娜的公司"。

艺术与科学——说明能力的差距

"啊，那就是能力的差距吧。"

回到家，肯一边咯吱咯吱地挠肚子一边回答。房间里乱七八糟的。我家是个 18 平方米的一居室。说白了，没有养狗的空间。

房间里的电视正在播报位于涩谷的八公雕像突然消失的消息，怀疑八公是不是被什么人偷走了。电视里说的那条狗，就在我的面前。

我跟肯说了在公司看到的事情。听完，肯做出了上面的回答。我没听懂，于是反问道："能……能力？"

"嗯。这就是'说明能力的差距'。经营是艺术、科学和产品研发的统一，对吧？"

"欸？什么意思？"

"你可真是无知啊。这是一个特别经典的名言啊。也就是说艺术、科学和产品研发，只有这三个统一在一起才能实现'强大的经营'。把我说的记下来！"

我赶紧在那边的纸上记下来。

经营是艺术、科学和产品研发的统一。

肯继续解释。

"这就是字面上的意思。但是最大的问题是科学与艺术两者之间在说明能力上存在着很大差距。"

"说明能力的差距……?"

"嗯。就是在'向他人说明其价值'的能力上存在着差距。例如,制作新的东西和表达新的事物时,都会有无论如何都说不清楚的事情吧?"

"是,是的。你刚才说过创造性是无法直接衡量的。"

"另一方面,利润和销售额是可以说清楚的。因为赚了多少钱,是有具体的数字摆在那的。首先重要的是,要认识到不同种类的才能在'说明能力'上存在着差距。这对于理解才能是很重要的。"

"才能在'说明能力'上存在着差距……"

"是。艺术和科学很好理解。在经营方面艺术和科学都很重要。但是,不能把这两者进行 PK,因为科学必定会胜利。科学是可以被证明的,其说明能力强。相反,艺术里有相当多的部分都是无法被证明的。也就是说,说明能力弱。"(见表 2)

表 2　说明能力的差距

	说明能力
艺术	弱
科学	强

"我……我似乎有些明白了。"

"这与天才和秀才的关系是相同的。两者如果辩论的话,取胜的一定是秀才。因为再现性是所有才能中'说明能力'最强的。"

上纳安娜和神笑秀一,这两个人的关系也是这样的吗?

"的确……"

"所以啊,不能让艺术和科学'在同一个赛场上竞技'。不能具体地比较两者之中哪个更具有优势，因为科学会百分之百胜出。"

"那怎么办才好呢？"

"把更重要的问题——'为了达成目的，艺术和科学应该发挥作用的领域分别是什么'——进行细化。具体来说，艺术的作用是点亮事物的本来面貌，科学是通过客观的数据反映现状，而产品研发则是将两者衔接起来的工具。只有理解了这些才能正确运用经营这一理论。"

因艺术和科学在说明能力上存在差距，所以不能直接将两者进行 PK。

这是我从未想过的。肯继续往下说。

共鸣性很强但也很危险

"其实，另一种才能——'共鸣性'才是最棘手的。你听说过在现今社会'令人产生共鸣的东西很强'这句话吗？"

"确实，据说在 SNS（社交网络服务）上共鸣是最重要的，能够令人产生共鸣的内容具有很大的影响力。"

"是啊。比如说，比起超级模特，身边更具亲近感的偶像更能影响社会舆论的导向。所以我说'能产生共鸣的东西很强'。但是，这实际上也是个大谎言。"。

"大谎言？"

"嗯。准确地说'能产生共鸣的东西很强'，但是'根据共鸣来进行决策是很危险的'。因此，在公司决策上加入'共鸣性'这一因素时需要相当慎重。"

"不能以共鸣性来进行决策……？"

"嗯，共鸣性就是说，大家都说好的就是好，都说不好的就是不好。就是这样的世界。说到这你没想到什么吗？"

确实，到现在为止，我已经在公司和学校看到了太多太多根据气氛来决定评价的事情。

"有……"

"说到底，'说明能力'的高低只由两个因素来决定，即基于某种目的理论（或道理）和少数服从多数的原则。当有人开始创新或是某个组织开展新的项目的时候，就会有人质疑'为什么要做那个？'要想从本质上消除这些质疑，只有两个方法。"

"两个？"

"嗯。第一个就是所谓的讲'道理'，说明为什么好。再现性的世界，这是耳濡目染的秀才擅长的。另一个是引起'共鸣'，'因为大家都在做所以我也要做'，也就是所谓的赶时髦。这是能理解大家心情的凡人擅长的。而且，所谓的流行，其本身说明能力也很强。"

这是什么意思？

"简而言之，'大家都相信是好的事情'，实际上仅仅是其本身就具有很大的破坏力。而且，其中一半左右的事情其实都是没有道理的。也就是说，'仔细考虑的话，就会发现虽然没有道理，但是大家都相信的东西'有着极强的力量。"

"可是会有——虽然没有道理，但是却很流行——那样的事吗？我觉得所有的热门作品似乎都有它流行的理由。"

"不对。我们来举一个简单的例子，如猜拳。"

"猜拳？你指的是石头、剪刀、布？"

"嗯。你不觉得猜拳很不可思议吗？"

"为什么这么说？"

"下至幼儿园的孩子，上至老人，所有人都知道猜拳，都会玩猜拳。但是，布为什么比石头厉害？剪刀比布厉害？很大一部分原因只是单纯的'由规则决定的，而且是众人皆知的规则'，所以没有必要一一说明。"

"确实。正因为如此，才非常'容易'。"

"嗯。这就是共鸣性的厉害之处。曾经一度蔓延的'理所当然的东西'会破坏性地蔓延开来。这和商业是一样的。1 000 万人都知道，1 000 万人都在使用。这本身就具有惊人的价值。只是，这对于天才，特别是对于秀才来说，他们却是不满意的。因为看起来没有逻辑。"

"仅凭共鸣性来决定的东西有时也没有逻辑。"

"这就是'气氛'的原形。也就是说，气氛源自'众人皆知的事情'所带来的影响力。而且这种'气氛'甚至会扼杀组织和国家。"

"气氛扼杀组织？"

"在精英看来，即使说了'正确的决策'，但一旦惹恼了普通民众，就会因人数的差距而输给普通民众。为什么这么说呢？因为仅仅是'很多人相信'就会具有强大的力量。"

确实，无论说多少正确的言论，一旦遭到舆论的反对，就永无翻身之日。这样的事层出不穷。

"所以，这大概就是秀才和凡人斗争的原因吧。因为越是误以为自己头脑聪明的人，越会对'大家都说好的东西'加以挑剔。"

"什么意思？"

"世上也的确存在'虽然很畅销，但却完全不行'的东西。这个事实，特别是对秀才来说是难以相信的，不能理解的。直白地说，在他们看来就是愚蠢的人们被骗了。秀才最讨厌的就是这个。但是呢，正如我反复说的那样，这是错误的。畅销的东西，仅仅是畅销这点就能够证明它的价值。"

"大家都相信的事情"，其本身就具有价值。货币亦是如此吧。

天才能看到别人看不到的东西

肯继续说道："那个，你见过幽灵吗？"

"幽……幽灵……？"

"是，就是幽灵。"

"没见过。会说话的狗倒是……"

"你说的是我。你之前不是说过'我很仰慕天才'吗？"

"是，是说过。"

"你没这么想过吗？'哪怕一次也好，我想成为天才'。"

"想……想过……"

"是吧，你想理解天才所看到的世界吧。这就'好比是幽灵'。这是我向那些——无论如何都想知道天才的世界观的——人讲解天才的世界观时说的话。"

"啊……啊……？"

"首先，假设这里有一个大圆圈。圆圈里有条分割线。（见图5）线的左边是天才的世界。右边是秀才和凡人的世界。这两个部分完全分开，很遗憾没有交集。看不见的东西就是看不见，能看见的人就是能看见。打个比喻的话，就是幽灵。"

"幽灵……我还是不太明白。"

"听好了，假设你是能看见幽灵的那一方。只有你能看见，别人看不见。如果你说'那里有幽灵哦！'你觉得周围的人会有

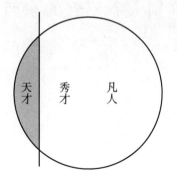

图 5　将天才和秀才、凡人划分开的一条线

什么反应？"

"嗯，我想周围的人会说'在哪？别撒谎了！'"

"是吧。你是真的能看见幽灵，但是却被称为骗子。这时候你感到不甘心。怎么办？"

"我会一遍遍地跟大家说，想尽各种办法让大家相信我。"

"幽灵在那座大楼的前面！白色的，没有脚，浮在空中！那是幽灵！像这样跟大家说，对吧？"

"是的。"

"这就是'天才的世界观'。也就是说，天才所看到的世界'虽然可以描述，但却不能让人看到实际情况'。"

虽然可以描述，但却不能让人看到实际情况……。

"听我说，创业者在取得伟大成就之前，刚开始必定是被人看不起的。但是，即使那样他们也决不放弃。你知道这是为什么吗？"

"不知道……"

肯继续说道："那是因为他们能看到'别人看不见的事实'。打个比喻的话，就是天才可以看到别人看不见的幽灵。"

"别人看不见的事实……"

"嗯。听到这些你没有想到什么吗？"

我想到的正是上纳安娜。之所以看中她的才能，是因为我觉得她能看见"我看不到的世界"。

"哦……原来天才看到的东西就好比我们看不到的'幽灵'。我有些明白了。"

"因此，此时导致瓶颈产生的原因是创造性的'说明能力弱'。再现性属于科学的范畴，所以可以有'逻辑地'进行说明。共鸣性是由少数服从多数来决定的，可以用'数量'来说明。但是，只有创造性是不行的。"

"原来如此。所以就像你之前说的那样，应该把排斥的程度设为 KPI 中的一项。对吧？"

"对。"

我从那之后就一直在思考肯说的话。于是产生了一个疑问。

"但是，这样的话，能和'真的无用的东西'区别开吗？"

"哦！"

"因为公司里也有'废柴'。他们也是被排斥的对象。但是，如果'把排斥的程度设为公司整体 KPI 中的一项'，我觉得就无法真正区分废柴和天才。"

"对！对！你说得对极了！这个问题提得好！有一个办法能区分废柴和天才。那就是'范围广但却微弱的排斥'和'范围小但却强烈的支持'的比例。"

"范围广但却微弱的排斥"和"范围小但却强烈的支持"，这究竟是什么意思？

"范围广但却微弱的排斥"与"范围小但却强烈的支持"

"嗯。社会上有一种'微弱的排斥',比如'总觉得讨厌'之类的。另一方面,也有'强烈的支持'。从'范围广但却微弱的排斥'和'范围小但却强烈的支持'的比例,可以判断其是不是真正的创新。例如,从8∶2到9∶1,根据这个比例,能推测出在多大程度上属于'创造性的东西'"(见图6)。

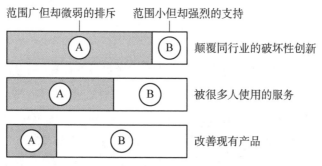

图6 范围广但却微弱的排斥Ⓐ与范围小但却强烈的支持Ⓑ

肯接着解释。

"范围广但却微弱的排斥"与"范围小但却强烈的支持"
9∶1—8∶2 颠覆同行业的破坏性创新
7∶3—5∶5 被很多人使用的服务

4：6—2：8改善现有产品

"你知道为什么会变成这样吗？理由很简单。首先，被称为变革者的人们能看到大家'看不见的东西'。这不仅仅是创业者，有才能的人也一样。他们对'普通人看不见的东西'很狂热。"

"这就是你说的'范围小但却强烈的支持'？"

"是。另一方面，在'普通人'看来，这显然是'御宅族的东西'。所以，一开始就觉得是'令人不舒服、无法理解的东西'。这其中并没有什么深刻的理由，只是'下意识地觉得讨厌'而已。"

"这就是'范围广但却微弱的排斥'吧。"

"然后，计算破坏性创新的总量，其比例大多是从8：2到9：1左右。这就是所谓的鸿沟理论"（见图7）。

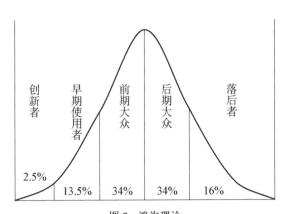

图 7　鸿沟理论
早期市场与主流市场之间的"鸿沟"
出自：《跨越鸿沟——使高科技大放异彩的"超"营销理论》，翔泳社。

"原来如此……这个理论在商界也通用吗？"

"嗯。有个与我关系很好的传说中的风险投资家就曾这样说过。大家认为好的东西基本上都是好的，大家认为不好的东西也基本上都是不好的。但是，'意见不同产生分歧的地方'则是所谓取得巨大成功的突破口。"

"意见不同产生分歧的地方是取得巨大成功的……"

"是。如果进一步解释的话，就是排斥和赞成中存在'量与质'的区别。具体来说，来自凡人的排斥很容易理解。共鸣性因为是用'数据'来证明，使得让人棘手的地方乍一看会给人以排斥程度很严重的错觉，但是实际上并没有像表面看起来的那么严重。为什么这么说呢？那是因为凡人与秀才不同，凡人的排斥'依据'可靠性低。"

"共鸣性就像是奥赛罗棋子很容易被翻转……"

"嗯。如果你把这想象成民众对政治家的排斥就会很容易理解。假设这里有个被民众讨厌的政治家。你问每一个人'你为什么讨厌这个人？''你知道他做了什么令人讨厌的事吗？'结果大家讨厌的理由基本上都是：那个政治家的言论听起来像是在说谎、周围的人都这么说、媒体是这么说的，等等。"

"有道理。"

"相反，'民众喜欢的政治家'亦是如此。喜欢的原因不过就是见过一次面，其说话方式给人留下的印象好等等。也就是说，由共鸣性引发的排斥，程度较弱。犹如奥赛罗，棋局出乎意料地很容易就会被翻转。这就是'范围广但却微弱的排斥'的理由之一。"

"范围小但却强烈的支持"与"范围广但却微弱的排斥"。

我把这些写在笔记本上。

"明白了吗？这就是'不能根据共鸣性来进行经营决策的理由'。要理解这个，你最好看看电影《阿拉丁》。"

"阿……阿拉丁……？"

以共鸣性为中心做出的判断有"风险"

肯继续说："你知道'阿拉丁'吗？"

"阿拉丁，就是那个迪士尼的阿拉丁吗？"

"是。那原本是我创作的，拍电影的时候我还曾给剧本提出过建议。"

"啊……啊……"

我不知道他的话有几分真实性，就这样默默地听着。

"阿拉丁的故事里描绘了'共鸣性的圈套'。"

"圈套？是有危险的意思吗？"

"是。确实，以共鸣为中心进行的交流，其影响实际上差不多是最大的。但是，风险也是并存的。"

"……意思是即使走错了方向，也停不下来？"

"嗯。说起来，人们对那个人'是否产生共鸣'，实际上取决于'要截取哪段故事'。不管多么不合道理的事，只要有心就能找到理由。这就是'阿拉丁问题'。"

"阿拉丁问题？"

"嗯。电影《阿拉丁》是这样开始的。阿拉丁因为贫穷而偷面包。当然被偷的店主很生气，警察也出动了。阿拉丁轻松地甩开追捕者，设法逃脱了。在他终于歇口气想吃面包的时候，一群饿着肚子的孩子出现在他面前。不行！这样想着，阿拉丁就把面包给了孩子们。"

"听到这儿，我觉得这似乎是一个非常善良的主人公的故事。"

"错！大错特错！所以说凡人的这种反应才是最危险的！"

"欸？"

"在剧本界有这样一句格言。那就是'把坏人设定为主人公的时候，就必须把更坏的人设定为敌人'。这是为了让观众明白强盗也有三分理。"

"把更坏的人设定为敌人……？"

"嗯。你冷静下来想想。如果在你平时经常去的当地的一家面包店，有个不认识的人偷了面包。你作为店主的熟人，会怎么想？"

"我想我会生气的。"

"一般都会这么想吧。但是，那个偷面包的和阿拉丁不都是一样的吗，都只是个盗贼啊。"

"你这么说确实有道理，但总觉得听起来像是歪理。"

"啊，真是的！"

"对不起……"

"听我说，阿拉丁这个例子告诉我们，人在评价一个人的时候仅凭'表面看到的'来进行评判是非常可怕的。"

"是……是吗？"

"在阿拉丁这个例子里，'偷面包'这个行为虽然明显是违法的，但是他之后把偷来的面包'分给孩子'这个举动，观众看了都会产生共鸣吧。但是，这就是编剧巧妙设下的圈套啊。你再想想，如果阿拉丁开头的场景是'只偷了面包'就结束了的话，你会怎么想？"

我想象了一下只有阿拉丁偷面包、逃走的场景。

"的确，我也许会觉得他只是个坏人……"

"是吧。阿拉丁只是为了自己能够活下去，偷了面包，然后逃走了而已。但是反过来说，也许那个面包店的店主有妻子，也有孩子，他必须努力赚钱养活他的妻儿，而阿拉丁的行为明显地践踏了店主的辛苦付出。"

顺着这个思路，我思考自己现在的工作。所谓的宣传工作，要做的也许就是"要截取哪部分"来进行宣传。

"的确如你所说。这么说来，那种在电视和电影中'只截取了好的部分'或'只截取了不好的部分'的编辑方式也是颇受争议的吧。"

"嗯。相反，只要这个编辑做得好，就可以让观众对'店主一方'产生同情。比如说，如果面包店的店主为了体弱多病的孩子早早起床拼命揉面的场景被描绘出来的话，肯定有很多观众会把同情心转向'店主一方'吧。"

"的确会产生共鸣。"

"这正是'共鸣性'的危险之处。也就是说，共鸣性往往取决于'截取的是故事的哪一部分'。因此，如果只以共鸣性为中心来做出经营决策的话，那就'错了'。因为这个依据的可靠性'很低'。"

共鸣性乍看之下似乎根深蒂固，其实也是"很快就会被颠覆的东西"。

肯继续说："重要的是'截取哪个部分来给人看'。所以说根据共鸣性进行决策是很危险的。"

技术·艺术·博物馆

"我想让你陪我一起去一个地方。"

我被安娜叫出来，一起去了一个久违的地方。

从 JR 换乘单轨电车，大概 10 分钟左右到达了我们的目的地——一个大型购物中心附近的地方。

技术·艺术·博物馆，通称 TAM。

正如其名，这是一个可以体验使用了最新技术的艺术作品的娱乐型设施。这个 TAM 正是上纳安娜创业时建立的。我远远地看着她走过来。

气势凛然，皮肤白皙，鼻梁高挺，目光深邃。

这样的上纳安娜，让所有人都不禁频频回头。

"好久没来了。"

"以前经常来呢。"

老实说，我很高兴。公司发展壮大后，工作环境改善了。但是我却感觉少了点什么。很怀念以前那个像文化节一样大家都干劲十足的职场。

已经回不到那个时候了吗？

"进去吧。"

"好……好的。"

从稍暗的入口穿过大门，出现在正前方的是一个黑色的大型设施。我们走进场馆。

对手是整个宇宙

TAM由五个房间组成。每个房间分别设定了一个主题，用户可以体验不同的世界。

我第一次见到安娜的时候，她曾这样问我。

"你认为世界上最高的艺术是什么？"

我当时回答的是"音乐"。

她说："我认为是宇宙。"

我惊讶地反问："宇宙是艺术？"

"是呀，宇宙才是最高的艺术。"

我很喜欢这一刻，她叙说世界的秘密。那些描述让人听得热血沸腾。

她继续说："据说去了宇宙，人就会变得温柔。青野，你知道为什么吗？"

"不……不知道。"

"因为会让人意识到所有的价值观都是相对的。"

"相对的？"

"在宇宙空间中没有上下左右之分。哪边是上？哪边是下？这些在地球上约定俗成的表示方位的词语在宇宙中是不成立的。因为在360度旋转的世界里，自己看到的'上'和对方看到的'上'完全不同。"

"的确是。"

"所以宇航员使用的是'从你的角度来看是上'和'从入口向着垂直方向'这样相对的语言，而且从宇宙飞船上看到地球的时候，人会注意到就连国境都是人为制造出来的。你不觉得那才是终极艺术吗？"

安娜眼睛闪闪发光地接着说："人活着，在不断地区分各种事物，自己和别人、外国人和日本人、黑人和白人等等，很多很多。"

正如人也被区分为三种——天才、秀才、凡人。

"而且，人为了区别某些事物，就必须要有一条分界线。那么，那条分界线是由什么产生的呢？我觉得是由重力产生的。由此就涉及'家''地盘'这一概念。因为重力的作用，人类可以站在地球上生存。于是，人类就有了自己的地盘和自己的国家这种概念。我想打破这种概念。"

所以这个 TAM 一贯的主题是 universe（宇宙）和 experience（体验）。

安娜继续说："艺术和技术的作用是动摇人们的认识。艺术告诉人们那个时代什么是美丽的，而技术则是突破了至今为止人类身体的极限。也就是说，无论是艺术还是技术，都像橡皮一样，能把那条一下子画上的分界线擦掉。所以我嫉妒宇宙的创造者。"

我想起以前安娜在某个采访中被问到"你在意的对手是谁？"当时她的回答是"宇宙的创造者"。听到这个回答，采访者瞬间露出了满脸问号的表情。

安娜指着屏幕。

"所以，我原本想在这个博物馆里创造出接近于宇宙的东西。"

接近于宇宙的东西。回顾过去，TAM 就是以此为目标创建的吧。

在这个博物馆里，首先，在入口处分别在手和脚踝上戴上特殊的装置。这些像护腕一样的装置，分别用细电线与背在背上的装置相连，用来控制四肢的动作。

另外，腕带内嵌入了磁石，受 TAM 内安装的设备的影响产生磁力，能够控制"体感体重"。这一装置的目的就是用来体验"相对化"。

参加者通过体验各种游乐设施，可以将"身体""时间""年龄""住处""死亡"相对化。

例如在"死亡"房间，戴在手上和脚踝上的装置会调解重力，使参加者丧失视觉和听觉，体感年龄变成 80 岁。参加者可以站在镜子前与变成 80 岁的自己对话。即现在的自己与未来的自己对话。

几分钟的对话结束后，场景变换。

眼前出现的是 13 岁时年幼的自己，体感年龄也变得和 13 岁时一样。

而且参加者看到的"另一个自己"所说的话，通过网络掌握的每一个文件和声音数据等都被进行了语言处理，就连"说话特征"和"说话速度"都被设计得一模一样。简而言之，"自己经常使用的语言"，镜子里 13 岁和 80 岁的自己也经常使用。另外，参加者只是提前输入简单的资料，就能体会到在"自己现在住的房间"里与"80 岁的自己"或"13 岁的自己"对话的感觉。

这个博物馆设计理念产生的背景是上纳安娜对现实的执着。安娜曾这样说过。

"如果没有现实感，虚拟现实就不成立。"也就是说，脸、声音、住所、体感——正因为这些都具有现实感，我们才能将"死亡"相对化。

按照这一构想完成了这里所有一切的正是上纳安娜。人们称她为"天才"。

　　TAM内，这样的房间有五个。我们久违地把所有房间都走了一遍。"哇!""好棒!!"场馆中欢声四起，也有情侣欢快地笑着。看到这些，安娜的表情似乎有了些许放松。

　　但是，马上又表情僵硬地说："最近我怎么也想不明白。为什么这么让人开心的项目就是不被认同？为什么就不能盈利呢?"

　　"是啊……"

　　"如果能一直那样就好了。如果总是将重心放在让客人开心上，就绝对应该会盈利。"

　　这种时候，如果是机灵的员工的话，会说些什么呢？如果是能辅佐天才的优秀的秀才的话，会怎么搭话呢？

　　我刚想要说点什么，安娜就制止道："安慰是没用的。"

　　然后露出严肃的表情，仰望天花板，嘟囔道："也许这个博物馆和我都'被厌倦了'吧。"

人类最大的敌人是"厌倦"

　　我大致向肯讲了一下事情经过，肯听后嘟囔了一句"'厌倦了'啊"。表情看起来似乎有点为难。

　　"你这是带了一个难题回来了啊。'厌倦'其实是一个非常难的问题。"

　　"是……是吗?"

　　"嗯。简单地说，对人类来说最大的敌人，毫无疑问就是'厌倦'。"

　　"人类的敌人是'厌倦'?"

　　"嗯。首先，组织进化时最重要的其实就是'厌倦'。所谓厌倦，就是人类对于空白的矢量吧。"

　　"对于空白的矢量就是厌倦?"

　　我完全听不懂。

　　"任何组织和社会，都必定存在对某种事物感到厌倦的人。例如对时代、旧的做法等'感到厌倦'。而且，对于制作新事物的人来说，'厌倦'是非常痛苦的。痛苦的程度就犹如失去知觉，像死了似的。"

　　"厌倦是痛苦的?"

　　"是。尤其是对天才来说，沿着别人规划的轨迹生存，太过简单无趣。所以，天才会自己规划新的轨道，创造新的价值。那是一场宏大的'和厌倦进行的战斗'。"

"不想按照别人规划的轨迹生存……的确是。"

"举个简单的例子。假设有个 8 岁的天才少年。"

"天才少年?"

"那个孩子 8 岁就学会了研究生水平的数学。把他扔进普通的小学算术课堂,他肯定会'厌倦'的吧。"

"嗯,那倒是。"

"接下来你觉得他会干什么?"

"因为厌倦了,所以会睡觉吧?……或是做其他的事?"

"是啊,是开始涂画教科书里的图形呢,还是画老师的肖像画呢,还是做鬼脸呢?大致会在上课时开小差吧。比如,自己开始出题、指出老师的错误等等。毕竟他比老师学得好嘛。这些可以想象出来吧?"

我在脑子里想。确实,在电影里也经常出现打发时间的天才儿童因为指出老师的错误而被批评的场景。

"……我能想象得到。"

"实际上这就是'创新'产生的瞬间。也就是说,革新性的创新是以天才对'组织的厌倦'为动力,在这一动力的驱使下,天才指出'社会空白'之所在,并进而开始创新。"

革新性的创新是从天才"近乎厌倦的感情"中产生的。

"从天才的角度来看,旧的做法和低效的社会令人'太过厌倦以至于到可怕的程度'。正因为如此,天才才会被批评,因为他会直接指出来。这与天才儿童因为说出'老师,那里错了!'被批评是一样的。但是这个瞬间,却正是迸发出创新的火花的时候。哈哈哈。"

说完,肯笑了起来。

因莫名其妙的笑点而发笑……

他继续说:"那个,大人们想出了很多办法来应对'厌倦'。

比如，游戏、兴趣、金钱、恋爱等等。但是，天才所追求的不是这些。他们已经厌倦了现在的世界，在他们的眼里只有'可以改善的空白'。所以，他们会直接指出问题并开始创新。他们所追求的是那种经常使之感到新奇的、令人热血沸腾的'空白'。"

"令人热血沸腾的空白……"

"但是，基本上每个组织里都会有'老师'，而'老师'会扼杀天才。顺便说一下，这里所说的'老师'就是个'比喻'。"

老师是秀才的一种。老师出于好心指导天才，但对天才来说老师却是扼杀其好奇心的人。

"'老师'……？但是他们也是出于好心才那么做的。本质上是好人吧？"

"嗯。那是对凡人和秀才来说。但是，对于天才来说，'老师'大多是低效的存在。可是'老师'又不是出于恶意去指导的，所以很麻烦啊。总之，事情就是这样。"

所谓创新，是在天才和厌倦共存的组织中发生的。在此前提下，重要的是把担任"老师"的秀才从班主任的位置上撤下来。

"是这样啊……"

"但是，更重要的是'厌倦'是有时间差的。"

"欸，厌倦有时间差？"

"是。也就是说，上纳安娜，她的问题并不是'被世人厌倦'。"

"……？"

天才已经感到厌倦了

我越听越糊涂。如果对于组织来说，"天才和厌倦"在进行创新上很重要的话，那么她已经厌倦了不是一件好事吗？

"说起来厌倦有两个意思。一个是被世人厌倦，这个很容易想象吧，正如奥赛罗棋局从白变黑的瞬间。这与以前的当红明星消失在人们的视线中是一样的。"

"啊，我明白。"

"另一个是自己感到厌倦。另外，最重要的是'在被世人厌倦以前，天才很早就已经感到厌倦了'。你一定要认清这个事实。"

"天才已经感到厌倦了？"

"嗯。说起来，无论是创意还是事业，其发展过程都可分为三个阶段（见图8）。通俗地说，这一过程就是某个人新开发出来的产品，经由工厂和系统等大量生产，最后成为人们生活的一部分。

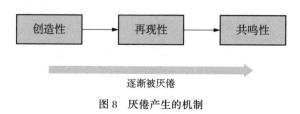

图 8　厌倦产生的机制

"例如，iPhone 也是先被制作出样机，扩大生产，然后作为人们生活的一部分而被推广使用，创意和流行语也是如此。某个人的创意，通过书籍和动画等再现性高的工具，被多次再生产，变成了即使是在普通社会也'被反复使用的东西'。"

"被反复使用，推广……"

"而且，在普通人大量过度消费的情况下，'人会厌倦'。此时，创新将面临两个选择——消失或是商品化。"

"'被厌倦的东西'消失或是商品化……"

"是的。具体来说，只靠新奇来决胜负的东西，会被彻底厌倦，从而消失。另一方面，兼具实用性的东西，作为必需品、商品，将一直存留下去。正因如此，重视品牌的企业才会非常讨厌这种'被反复使用，过时的阶段'。"

路易·威登的商品，如果大家都开始拥有的话，那么它的品牌价值就会下降。是这个意思吗？

"但是呢，这只是从'消费者'的角度来看的厌倦产生的机制。更重要的是从'制作者'的角度来看的厌倦。再简单一点说，在世人厌倦之前，远远在那之前，天才就已经感到厌倦了。你公司的社长曾这样说过的吧，'也许这个博物馆和我都被厌倦了吧'。"

"是，是说过。"

"那么，真正感到'厌倦'的就是上纳安娜她自己，而且她自己还没有察觉到。"

她没有察觉到自己已经感到厌倦了？

"我不明白你说的是什么意思。"

"听着，'厌倦'实际上有两种。好的厌倦和坏的厌倦。所谓好的厌倦，就是'自己已经察觉到的'。"

"自己已经察觉到的话，就是'好的厌倦'？"

"刚才小学生的例子很好懂。那个孩子肯定在心里想'上课真没意思啊！''学腻了！'也就是说他已经察觉到自己感到'厌倦'了。但是，世上还有'没有察觉到的厌倦'。这对天才来说是很麻烦的。"

"没察觉到的厌倦……有这样的事吗？"

"有很多。即使真的已经厌倦了，人也不会察觉到。要说为什么的话，是因为'会用其他的事情来蒙蔽自己'。虽然真的已经厌倦了现在的工作，但却用兴趣什么的来当借口蒙蔽自己。这样的例子很容易理解吧。"

"确实，也许我也有这种情况。"

"是吧？"

"但是，那是坏事吗？因为我以自己的方式想办法让人生变得快乐，也可以这样解释吧？"

"对！你说得对！"

"欸？"

"嗯。你说得对。很多时候，人总觉得有些厌倦。所以就用其他的事情来分散注意力。但是，这绝对不是不可以的。这么做也有极好的一面，所以不能否定。但是，天才是不同的。"

"天才是不同的？"

"天才是'在厌倦中无法生存的生物'。换言之，在厌倦了的瞬间'天才将不再是天才，自此跌落神坛'。"

"天……天才跌落神坛？"

"是的。天才厌倦的理由很简单。当'自己的胜利模式'完全确立了的时候，天才就会跌落神坛。最初看起来完全是新方法的手法，在多次反复的过程中就会形成固定的'模式'。然后天才想被凡人喜欢，想被很多人喜欢，出于这种撒娇心理，在迎合众人的瞬间，天才就会以'再现性'来决定胜负。这时，天才就不再是天才，而是跌落神坛沦为普通人。"

"那……也就是说，上纳安娜现在正'想成为凡人'。是这样吗？"

“是。”

“怎么会……不行！必须阻止！！”

“哦。你怎么突然这么激动？”

“那么稀有的才能，举世无双的才能。如果消失的话……绝对不行！”

“等等，你这话是真心的？”

“真心？当然啦！”

“那你这话可是够残酷的。”

“残酷？我？”

“因为天才变成秀才或凡人，过上普通的生活，对她来说也许是件幸福的事情。”

“变成秀才或凡人，过普通的生活，对她来说是幸福？那怎么可能呢？”

“不，你什么都不懂。真是愚蠢。身为天才的他们有着凡人难以理解的痛苦。只有创造出新的事物，才能让自己得到满足。这种人被称为‘天才’。但那绝不只有幸福的一面，相反还伴随着很多痛苦。”

“不是……绝对不是！”

“哎呀，算了。你早晚会明白的。‘天才的黑暗面’，总有一天你会亲眼看见那深不可测的黑暗。”

天才的黑暗面……？

※　　※　　※

从那天起，我一直闷闷不乐。对于上纳安娜，我是发自内心地仰慕她的才能。

但是，肯居然说她想放弃作为天才的生活？

只有这次肯说的话我不能接受。所以，为了上纳安娜，我决定把重点放在现在的自己能做的事情上。

那就是"增加让公司里的人了解 TAM 的机会"。

因为，如果"普通人是根据共鸣性"来做决定的话，那么随着了解的人越来越多，公司内"应该换社长"的呼声也一定会逐个消失。所以我决定提议组织"公司内部一日游"，让员工去 TAM 亲身体验。

今天是公司的预算会议。但是，会场气氛却有些怪异。

"公司内部一日游？这是什么？"

财务会计部部长上山脸上的表情变得严厉。

我回答："就是召集员工去 TAM 实地参观。"

"目的？"

"首先，让员工们亲身感受 TAM 的好处。"

还没等我继续说下去，上山就立刻质问："为什么？有那个必要吗？"

"是……是。我认为有必要。因为只要去了那儿，就一定会感受到它的价值。"

"不，你还没有回答我。我的问题是为什么有必要带员工们去艺术博物馆。你刚才说的不能成为理由。"

呃……虽然这么说有点不好意思，但我还是不得不承认自己确实不善讲解。特别是在这种连喘气的工夫都没有就被连声追问理由的情况下，就更是语无伦次。

"那……那是因为……嗯……"

"什么？你到底想说什么？"

上山越来越不耐烦。但是我不能退缩，否则就显得我太没用了。

我回答道："我觉得员工应该加深对 TAM 的了解……意外的是，公司里的很多人都没去过 TAM。所以我才提出了这个企划案。"

上山部长催促道："所以？"

"我想只要去了那儿亲身体验，就会知道那个设施的价值，而且前几天，上山部长您也曾说自己没去过 TAM。"

"嗯，你说大家不了解 TAM，那么根据呢？你有吗？"

我拿出资料，回答道："有，我有。在公司内部进行的调查结果显示，去过 TAM 的人仅占公司员工总数的 40%……而且，去过的人都说非常值得一去。"

"嗯，啊，是这样啊。但是，那也没有实际去的必要吧？因为进馆的人数减少、没有盈利也就意味着不受欢迎。不是吗？"

"嗯，您说的也不是没有道理，但是……"

上山紧接着问："虽然我认为没有必要，但是既然你这么坚持，那么费用需要多少？是自费，还是打算用公司的经费？"

"如……如果可以的话，我想租辆大巴什么的，选个平时的某个时间去。"

"啊，那可不行。你知道那需要花多少钱吗？而且，公司还要停业一天。你知道后果吗？"

"我知道……但是……"

"没有什么但是，青野。如果宣传部门在周末召集员工们去，而且是自费的话，那随便你怎么做。"

怎么会这样呢？我提出的企划案有那么奇怪吗？如果一个公司里 60% 的员工都没有看过或接触过自己公司在创业时开发的服务项目，那怎么想都是说不通的。但是不管我怎么努力都无法说服他。

我无奈道："好的……我知道了。我先自己试着做。还……还有一件事。"

"打住，够了。没时间了，进入下一个议题。"

我看着手边自己昨天拼命准备的资料，握紧了拳头。

用上天赐予自己的身份来战斗吧

"怎么无精打采的？"

肯关心地问我。

我也觉得自己很幼稚。

"……其实我明白。"

"你明白？"

"我明白你上次说的话，天才总是孤独的。这3年来，我曾不止一次地想过：她自己其实是想成为普通人的吧。但是……尽管如此，我还是相信她是一个真正的天才。"

"唉，你也很痛苦吧。这也是喜欢天才才能的人的本性使然，是宿命啊。唉，算了。今天我们来个一醉方休吧。"

我打开了一罐啤酒。肯在吃高级牛肉干。我说了今天早上开会的事。

"欸？然后你就这么乖乖地回来了？没跟财务会计部长据理力争？"

"是……是……"

"没出息！连我这只狗都觉得你没出息。"

"你别那么说啊……就是我也觉得自己没出息。唉……"

"干吗摆着一张苦瓜脸！打起精神来！"

"但是……"

"哪来那么多但是，笨蛋！汪！！"

"对……对不起！"

"那个，你知道史努比吗？"

"史……史努比，就是那只狗？"

"嗯。我俩关系很好。好到以前曾合作二重唱。"

史努比和忠犬八公的乐队……？

我在脑子里想象了两只狗并排的样子。好……好可爱。我逐渐放松下来。

"你们这对搭档，感觉很好呢。"

"是啊。我们当时可是和偶像一样受欢迎的。史努比作词，我主唱。这个史努比啊，作词超级棒的。其中排行榜第一的就是这首《为什么你是狗？》。歌名取自史努比的主人查理·布朗问他的一个问题，'史努比，你为什么是狗？'你知道史努比是怎么回答的吗？"

"……他回答的是'不知道，汪汪'？"

"不对，笨蛋。他是这么回答的。**'你问我为什么是狗？这是没办法的事吧，人生只能用上天赐予自己的身份来决胜负啊。'**"

"人生只能用上天赐予自己的身份来决胜负……好深奥啊。"

"所以啊，才能也是一样的。"

"才能也是一样的？"

"是。人生啊，只能用上天赐予的才能去战斗。而且人类无法预知自己会被上天赐予何种身份，所以懊恼自己'啊，为什么我生来不是天才''为什么我生来不是秀才'是毫无意义的，那只不过是在浪费时间而已。重要的是，要认清上天赐予你的身份是什么。然后，要知道如何去用那个身份。"

"要知道如何用上天赐予自己的身份……"

"嗯。认识到自己可能是个凡人。但是这却是一个很大的进步。例如，你想要发挥自己的共鸣性这一才能吧？想用上天赐予的身份来战斗吧？"

我想起了今天会议上的事。

虽然没能赢得那场对决。但是，我还是努力想做自己能做的事。我有这个自信。

"是。那场对决，我输了。但是，我尽力了。"

"实际上很多人耗尽一生去追求自己没有的东西，却忽略了自己本身拥有的才能。现实是很残酷的。有的人被赋予很高的才能，有的人几乎没被赋予多少才能。所以，一直没有用自己的才能战斗过的人，就可以辩称自己有才能，说自己可能是天才。但是你很清楚那些都是骗人的。"

"是……我成不了天才，成不了像上纳安娜那样的人。"

"是啊，所以你会经历很多失败。即使你鼓起勇气发挥自己的才能去努力奋斗，也还会面临很多失败。但是，更重要的是，你要坚持不懈地利用自己的才能努力奋斗。只要你能做到这些，我就可以向你保证一件事。"

"可以向我保证一件事？"

"你会遇见迄今为止最好的自己，我保证，才能一定会被磨炼出来，而你将会看到一个崭新的自己。这是使用才能的最大的好处。"

我反复咀嚼肯说的话。确实是这样。我中学时曾打过棒球，但是我没有天分。尽管如此，我还是继续站在击球员的位置上。可想而知，越站在击球位置上，输的次数就越多。但是每次失败都会让我逐渐成长起来。那是我亲身经历过的事。

"似乎……我似乎真的明白了。但是，即使是那样……"

"嗯?"

"我想……我想取得胜利……用共鸣性战胜再现性,战胜那些秀才们。"

"噢!不错嘛。有觉悟!"

说完,肯睁大眼睛露出高兴的表情。

"你再说一遍。"

"欸?"

"刚才的话。'我想取得胜利',你再说一遍。"

"我想取得胜利!"

"好!很好!!对对,就是这样。你有点变了。"

"谢……谢谢……"

"你已经成功通过了有效发挥才能的第一步。下面,我来教你第二步。"

"第一步?"

"第一步就是理解上天赋予自己的才能并勇敢地发挥自己的才能。终于要进入下一步了。你知道地球为什么没有崩溃吗?那是因为有三位大使。"

"地……地球崩溃……?"

表3　了解才能奥秘的第一步

第一步	理解并有效发挥自己的才能
第二步	理解并有效利用相反才能的力学
第三步	精选武器,解除限制器

←现在通过了第一步

第 2 章

相反的才能

防止世界崩溃的那些人

"你不觉得不可思议吗?"

"不可思议?"

"嗯。假设世上有三种才能,判断事物的标准不同就无法相互沟通。那么,公司是怎么成立的呢?"

"被你这么一说,想想也的确如此。"

"其实是有人在为防止交流断绝,架起各方沟通的桥梁而不懈努力。这些人被称为'大使'。"(见图9、图10)

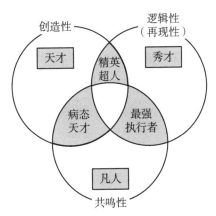

图 9　为防止交流断绝而不懈努力的"三位大使"

精英超人
具有创造性 具有再现性 最喜欢商业

最强执行者
公司的王牌 无论在哪儿都能大显身手， 但是不会创新

病态天才
天才和凡人之间沟通的桥梁， 不擅长从结构上总揽全局

图 10　三位大使的特点详解

"大使？"

"嗯。他们把两种才能结合在一起。比如把'创造性和再现性''再现性和共鸣性'结合起来。首先是被称为'精英超人'的人。这类人兼具'高度的创造性和逻辑性'，但却完全不具备共鸣性。举个简单的例子，就比如在投资银行工作的人。"

"总之就像一个拼命工作的机器人，是这样的吗？"

我继续听他说。

"接下来是被称为'最强执行者'的人。这类人无论做什么都很顺利，'非常精明'。他们不仅把逻辑强加给别人，还能理解别人的心情。所以，他们能够引领最大多数人，在公司被称为王牌。而且，也最受欢迎。"

"受到后辈和周围人的拥护，能引领很多人的领导。是那种感觉吗？"

"最后一种是'病态天才'，用——像本垒打击球手一样的创造者——这种说法会更容易理解。这类人虽然拥有很高的创造力，但由于也有共鸣性，所以能够明白凡人的感受，设身处地为他人着想。因此，能创造出暴发性的成功。但是，因为没有'再现性'，所以情绪起伏大，最终大多会生病等。"

"是富有感性的创造者那样的人吗？"

"首先，组织之所以没有崩溃，大多是因为这'三位大使'。一个好的组织，不会互相扼杀对方的才能，必定是在相互支持的基础上不断进化。其中在暗中周旋的就是这三位大使。"

精英超人：

　　天才和秀才之间沟通的桥梁，兼具创造性和再现性。也就是说，既有创造力，又具有很强的逻辑性。举个简单的例子，就比如白手起家创建了大企业的社长们。一方面，他们最喜欢商业，一直都是一个研究者，也是一个挑战者。另一方面，部下有时会无法跟上他们的速度和思考。因此，很多情况下"从外人看来他们很厉害，但是作为他们的部下却会很辛苦"。

最强执行者：

　　秀才和凡人之间沟通的桥梁，兼具再现性和共鸣性。也就是说，既有很强的逻辑性，又能理解人的心情。无论在哪个公司其地位都是"王牌"。从学生时代开始就一直处于学生团体的核心地位，毕业求职找工作也处得非常好，能够在理想的公司就职。能够协调营销与开发、正式员工与兼职、总公司部门与一线部门等的关系，使各方顺利运作。即使是作为项目经理也是非常耀眼的存在。但是，如果让他们开发新项目的话，就只能是"已有项目"的翻版，做不出具有创新性的产品，这就是他们的弱点。

病态天才：

　　天才和凡人之间沟通的桥梁，兼具创造性和共鸣性。他们不仅具有创造力，还能凭直觉知道公司的项目是否能打动世人的心、是否能满足世人潜在的欲望。既能表现自己的风格，又能在满足市场需要的前提下开拓市场。一旦就任产品和事业等的负责人，就能够以压倒性的速度拓宽市场、推广产品。但是，由于其不擅长从结构上总揽全局，所以经常会因为和其他部门的协调、企业规模的扩大、将权限转让给部下等原因而失败。

"三位大使……"

"现在的你需要的是找个伙伴。如果在组织内出现沟通不顺利的情况，就需要找个能把对方的模式和自己的模式衔接起来的人。你目前就需要一个能协调你和秀才之间关系的人。"

"是搭建'秀才'和'凡人'之间沟通桥梁的人吗？"

"是。也就是说，有必要找个能介入你和秀才之间起协调作用的'最强执行者'。既能很好地接受他人的意见，又能清楚地阐述自己观点的人。你想到谁可以担当这个角色了吗？"

我仔细回想公司里的人。

只有一个人可以。

（镜头回到以前）

横田打断了后入职的同事劝解的话，说道："但是啊，青野。就算退一百步像你说的那样，也就是说就算她的时代没有结束，那么把这些完美地展现给世人的不应该是你的工作吗？"

"欸？你什么意思？"

"所谓的宣传，不就是用专业的手段将公司形象完美地展现给世人吗？"

"……嗯，话是那么说……"

"既然这样，那么不负责任的应该是你吧。"

与我同期入职的横田，确实对上纳安娜抱有怀疑。但另一方面，他能够倾听对方的意见，而且还能言善辩。也许他可以。

"但是，我有一个问题。就算找到了最强执行者，要怎么做才能得到那个人的协助呢？本来凡人就逻辑性差，无法说服他们啊。"

"这个问题提得好。凡人有办法把'最强执行者'拉进来。那就使出撒手锏，问他'如果是你，你会怎么做？'"

"撒手锏……?"

让"最强执行者"为你效劳的方法

"秀才,即重视再现性的人,都有'属于自己的一套最佳做法和规则'。他们研究开展工作的方法,并将其用语言表达出来。只是,是否将这种方法传授给他人,是否将之强加于他人,每个人的选择都不一样。既有愿意教授他人的秀才,也有只考虑自己的秀才。这种情况即使是在学校也是一样的吧?"

"……我能想象得到。"

"而且,教与不教大多是由秀才根据'是否具有共鸣性'来决定的。能够理解人的心情和他人感受的最强执行者,基本上'在被请教的时候都会不吝赐教'。因为他能够理解做不到的人的心情。所以这种人才最受欢迎。"

"确实,在我的印象里不死抠课本又擅长教导的秀才最受人欢迎。班级和公司里肯定会有这么一个人。"

"于是向他们求助的最有效的方法就是亲自向他请教'如果是你,你会怎么做?'然后愚拙地按照那个方法去做。关于这点,真的有很多凡人都做不到。"

如果是你,你会怎么做?为什么这个问题会有用呢?我还是没想明白。

"听我说。假设你什么都不懂,想要拜托你说的那个横田君帮忙,你会怎么说呢?"

我在脑子里想象了一下。

"我想一定会这么说的，'为了帮助上纳安娜，我想叫公司的职员去 TAM 亲身体验。希望你能帮一下我'。"

"也就是说，你要直截了当地拜托他。这还真是你的风格啊。"

"啊，是。对不起。"

"但是，那样做的话你绝对打动不了他。那么说只能起到反作用。'为什么？''你究竟为什么想帮助上纳安娜？'你会像以往开会时那样，被逼问得走投无路。"

"嗯……是。确实会被逼问理由和前后逻辑，之后大体上讨论就会无疾而终。"

"这时你应该使用的撒手锏就是问对方'如果是你，你会怎么做？''请教教我吧'。"

"为什么？"

"要说为什么，那是因为'主语不同'。每个人都有他固有的'经常使用的主语'。更确切地说，天才、秀才和凡人，他们惯用的主语各自不同。"

"天才、秀才和凡人，他们惯用的主语各自不同？"

每个人都有不同的惯用主语

"天才、秀才和凡人，这三者之间的交流，因为判断事物的标准不同，所以永远不会有交集。这话我以前说过吧。"

"是。"

"这一现象产生的根源就是他们各自惯用的'主语不同'。"

"也就是说……?"

"人本来就有经常使用的'主语'。一方面，只考虑自己的人会经常使用这样的句子，例如'我是这样想的''我想这样做''我讨厌你'等等。另一方面，也有只在意别人目光的人，这类人的主语是别人，会说些诸如'那个人讨厌我''那个人会怎么认为呢?'之类的话。日语会经常省略主语，但是每个句子一定都会有一个主语。"

我从未注意过这些。但是，确实有人在说话时总是离不开"我想""我个人认为"这样的口头禅。原来是这样啊。

"所以，我们首先把主语大致分为三类，即'人''组织''世界'。你觉得自己是哪一种?"

1. 以人为主语，主要从人的角度来说话的人。凡人多用这种方式。

2. 以组织为主语，从组织、规则等的利益出发说话的人。

秀才多用这种方式。

3. 以世界为主语，从世界、真理等超越了凡俗的角度来说话的人。天才多用这种方式。

"我是哪种呢？好像是第一种。"

"是啊。你明显是以'人'为主语的。"

我觉得自己的确是以"人"为主语生存的。

"也就是说，你的基准是'凡人里的 I 型'。"

"凡人里的 I 型？"

"是。虽说同样是'凡人'，但也可以再细分为几个类型。"

似乎是这样的。

I 型：主语是自己（I）。以"我是怎么认为的？""我想怎么做？"为标准来思考。

Y 型：主语是对方（You）。以"那个人是怎么认为的？""他觉得怎么样？"为标准来思考。

W 型：主语是家族、伙伴等（We）。以"包括自己在内的团队是怎样感觉的、怎样才能幸福？"为标准来思考。

"这三种类型的共同点是都以'人'为主语。以人的感受为中心，从是否能够与之产生共鸣的角度出发来讲话。因此，凡人之间也会发生冲突。"

"凡人之间也会发生冲突？"

"是。无论是同为凡人，还是同为秀才，人与人之间都会有冲突的吧？这是理所当然的啊。虽然如此，其中也有容易发生冲突的类型组合。"

"例如，同为 I 型（主语是自己）的话就会容易发生冲突。是这个意思吗？"

"是啊。如果同为 I 型人的话，因为都不体谅对方，所以会变成个人赛。每个人都在强调'我是这样的'。相反，如果同为 Y 型人（主语是对方）的话，虽然每个人都很为对方着想，但却因为'没有自己'而导致谈话没有进展。例如，会发生'你想怎么做?''嗯，要怎么做呢?'这样的对话。"

我总觉得有种在听优柔寡断的情侣对话的感觉。

"同时，全部由 W 型（主语是伙伴）构成的组织，会形成'类似整体感超强的宗教那样的组织'。每个人说话的口吻都是'我们是这样的''我们是伙伴'。"

"原来如此……按照你的说法，我属于以'我想怎么做'的方式来进行交流的 I 型?"

"嗯。而且 I 型人实际上在秀才面前比较弱势。具体来说，就是逻辑思维差。因为在秀才看来，I 型人只会说'自己开心的事情'。相较而言，缺乏逻辑性。你正是属于这一类型。"

从优先考虑组织利益的秀才来看，"凡人中的 I 型人"的发言最让人无法接受。因此，这类人从根本上来说不善于团队合作，是这个意思吗?

"可……可是我是真心想帮社长的。"

"你还是没听明白啊。听我说，交流就是全看对方如何接受，是吧? 从秀才的角度来看，你的意见给人这样的感觉，即'那也是因为你自己高兴吧?''是因为喜欢吧?''归根到底主语都是你自己吧?'。"

"但是那是坏事吗? 因为，你想怎么做? 你怎么认为? 也就是说意愿在工作中很重要吧。"

"没错。主语是 I 的人，实际上有上升的潜力。因为有想做的事情，所以比起 Y 型人，更有毅力。只是，在'向对方表达自己想法的时候'，也就是说在组织里工作的时候，必须要注意主语的使用。"

"……像我这样Ⅰ型的人，在组织里工作时需要注意主语的使用。"

"是的。"

天才生活在物理的世界，秀才生活在法律的世界

"你听过这样一句格言吗?"

肯得意扬扬地继续说:"天才生活在物理的世界，秀才生活在法律的世界。"

"天才生活在物理的世界，秀才生活在法律……不知道。"

"你居然不知道?! 这可是才能论中有名的格言啊!"

"对不起，我真不知道。这是谁的格言?"

"我。"

"欸?"

"是我说的。我刚刚想到的。"

我叹了口气。

"……请您接着讲。"

"有趣的是，天才大多都与物理世界有着某种关联。准确地说，是与自然社会，甚至更简单地说是与宇宙有着某种关联。比如埃隆·马斯克、爱因斯坦、霍金等，大多都与宇宙有关吧。"

"的确……我们社长也曾提及'宇宙'。"

"嗯，这实际上是必然的。因为自然社会几乎是唯一能够满足天才好奇心的所在。'情报总量'压倒性多，谜团多，变数多。对于天才来说，所有的活力都源自好奇心和探究心。作为其矛头的'自然'始终都是最好的战场。因为变数多，构成世界的谜团

也最多。"

"是刺激其好奇心的自然界吗?"

"嗯。这就是'天才生活在物理的世界'的意思。"

天才生活在物理的世界……,也许的确是那样。但是我又产生了一个疑问。

"但是世上也有像亚当·斯密、德鲁克那样的天才吧?松下幸之助等等,怎么说呢,这些人都有些像哲学家。"

"好!这个问题提得好!这正是天才的两种类型。我把这两种人分别称为'生活在 X 次元的天才'和'生活在 Y 次元的天才'。"

"X 次元和 Y 次元?"

> X 型:对"世界是怎么形成的""什么是作为事实真实存在
> 的"感兴趣。兴趣点是"存在"。
> Y 型:对"人们如何认知世界""什么能够最大限度地改变
> 社会的认知"感兴趣。兴趣点是"认识论"。

"存在(X)和认知(Y)……?"

"嗯。简单地说,科学家是 X 型,实务家是 Y 型。真正想改善社会的经营者,属于后者。这就是天才的两种类型。"

"那……秀才生活在法律的世界,是什么意思?"

"秀才使用的主语,最典型的就是'法律'。"

"也就是说,秀才是'以法律为主语'来讲话?"

"是。与凡人和天才一样,秀才的主语也具体分为以下几种类型。"

> K 型:主语是知识(knowledge)。以自己知道的事情、经历
> 的事情、不言而喻的事情为中心来讲述事物。

R型：主语是好或不好（right or wrong）。通过对组织的利益、
　　明文规定等的好或不好来讲述事物。

"以知识（K）和好或不好（R）为中心……"

"比如说，你周围是不是有这样的人？仅凭自己知道的知识，
就一个劲地把意见强加给别人的人。明明有其他的可能性，但却
连想都不想的人。"

"确实有。怎么说呢，虽然没有错，但却不认同别人做法的
上司，就是这种人吧。"

"嗯。这就是以'知识'为中心的秀才。刚刚说的虽然是个
反面例子，但也有正面例子。另外还有一种是以'好或不好
（R）'为主语的秀才。这种类型的人经常以对公司的利益、组
织的利益等'好或不好'为中心讲述事物。他们说话的腔调一般
都是'规则是这样的''按照校规应该是这样的''考虑到公司的
利益应该这样做'等等。与以'喜欢与否'为中心的凡人不同，
他们思考事物的出发点是'好或不好'。"

"好或不好？"

表4　凡人·秀才·天才的7种类型

	类　　　型	主　　　语
凡人	I	自己
	Y（You）	对方
	W（We）	家族和伙伴等
秀才	K（Knowledge）	知识
	R（Right or Wrong）	好或不好
天才	X（存在）	世界是怎么形成的
	Y（认知）	人们如何认知世界

"嗯。凡人的话最终归结为'心情好还是不好'。这是因为

他们的主语是'人'。他们最感兴趣的是喜欢与否、能否放心，也就是'作为动物的人'。"

"原来如此。"

"但是秀才却不同。他们生活在严格的规则和竞争中。因此，除了喜欢与否之外，他们判断事物的标准还有'好或不好'，而且这一标准还占据了相当大的比重。喜欢排行榜的人也是如此。当然，因为他们也是人，所以也会有喜恶之分。但是，在工作场所会完全做出社会性生物的判断。用一句话来说就是好或不好。"

"意思是生活在规则的世界里？"

"嗯。所以他们相信'利益这一绝对的好处'并以此来进行决策。"

"这就是精英吗？"

"没错，也就是说'秀才生活在法律的世界里'。这句话表明，秀才判断事物的标准有两个。一个是知识，另一个是由社会所规定的好与不好。"

"有意思！"

我不由得脱口而出。

改变主语，让"最强执行者"加入你的阵营

"但是，到底为什么'如果是你，你会怎么做？'这种提问方式是最有效的呢？"

我又转回到之前的话题。

"这么提问就是为了改变主语。凡人无法说服秀才的理由之一是'主语不同'。正因为秀才能够看清整个组织和整个社会，所以在他们看来，凡人的发言只不过是'一般感想'和'意见'，其实他们内心是有些看不起凡人的。"

"确实……我目前在公司里可能就是这样。"

"那么，解决方法只有一个，就是改变'主语'。问对方'如果是你，你会怎么做？'然后'将自己的想法告诉对方'。因为最强执行者也有共鸣性，所以他一定会想办法帮助你的。"

"明白了。"

"另外，还有一个让秀才帮助凡人的办法，那就是尽量多使用'对方的话'。"

"多使用对方的话？"

"是。秀才最重视再现性。他们对自己说过的话记得最清楚，也最不想改变。因此，想要获得对方的协助，最重要的就是用对方的话提起话题，然后解释你的目的和背景。"

"我似乎有些明白了……"

"举个例子，假设对方是你公司的上司，有一次他说在规模和盈利之间要选择盈利。但是实际上，对于工作在一线的员工来说，也有必须选择规模的时候。这种情况下，首先要这样说，'您说过在规模和盈利之间要选择盈利这样的话吧？那么这是否会有例外呢？'"

　　"也就是说，用对方的话提起话题吗？"

　　"是，这是重点。对生活在再现性世界里的秀才来说，与'新事物'相比，'世上已经被说过的事'更让人放心。这是很重要的。"

　　我拼命地记笔记，突然产生了一个疑问。

　　"顺便问一下，这个方法对天才有用吗？"

　　"有用啊。'如果是你，你会怎么做？'这个问题，在和天才说话的时候也很有效。只是，和天才对峙的时候，有一点必须注意，那就是要事先做好准备。"

　　"跟天才说话前要做哪些准备？"

　　"那就是'问题'。要准备有魅力的问题，那种能刺激天才好奇心的问题。只有跟这样的问题搭配在一起，才能让'如果是你，你会怎么做？'这个问题具有价值。这点，你一定要记住！"

横田君，如果是你，你会怎么做？

我久违地邀请横田去吃午饭。

"怎么突然想起来叫我了？"

虽然这么说，横田还是欣然接受了邀请。我们虽然是同期入职的，但是也很久没聚在一起了，所以聊得很起劲。

"横田，你去过技术·艺术·博物馆（TAM）吗？"

"啊，去过啊。当然了。"

"感觉怎么样？"

"非常好。能够了解我们公司技术的根本，而且最重要的是很开心。"

横田是那种思想灵活的人。他果然去过。

我继续说："是啊。如果去了的话，就能了解技术的根本。"

"嗯，是啊。你突然叫我出来是有什么事吗？是为了上纳安娜那件事？"

"不是，今天叫你出来，是因为我想听听你的建议，想知道如果是你的话，你会怎么想。"

"建议？"

"老实说，我现在想带公司员工去 TAM。"

"啊，怎么又提起这件事？"

"正如你刚才说的那样，我想告诉大家我们公司技术的本源在哪里。虽然向公司以外的人宣传这些也很重要，但是我觉得有必要先让公司里的员工了解这些。"

"哦，为什么？"

"我想让大家去亲眼看看。明明去了就能知道我们技术的根本，但是实际上公司里只有40％的员工去过TAM。"

"是这样啊，所以你才来问我的？"

"是的。我想让你告诉我，如果换作是你，你会怎么做。你知道的吧？我不擅长讲解，而且我想帮上纳安娜。"

"OK，OK，没问题。"

"太给力了。"

"那么，现在的问题是？"

"我怎么都说服不了财务部。"

"财务？"

"你知道的，现在我们公司正在努力削减经费。可能是这个原因吧，他们部长说没有必要做。"

"嗯，他说的也有道理。像你说的那样，员工没有去过自己公司开办的娱乐设施的确是个问题。但是，公司同时也有其他应该做的事情，在这些事情中，你的那个提案，说是优先度低也有可能是事实。"

"……如果是你，你会怎么做？"

"如果是我的话……让我想想。也许会把人事部拉进来吧。"

"人事部？"

"是。那笔费用对公司内部宣传来说的确很多，可能拿不出来。但是，如果是人事部的研修费的话，那就不是什么大不了的金额了。"

"是这样啊。也就是说，这笔费用应该从公司内部的研修费里出？"

"是啊。归根结底财务会计讨厌的是要追加预算。如果能从人事预算中支付这笔费用的话，就不会反对了吧。"

"但是，那样的话人事部门会不会不同意啊？"

"你只要给出个合理的解释不就可以了吗？现在员工的离职率是公司一个不可忽视的问题。导致这一问题出现的理由之一，就是企业文化理念渗透力弱和人际关系不好处理。而艺术博物馆作为公司创业的契机，你所提出的去参观的提案，不是正好与之目标一致吗？"

"有道理！"

"嗯，也可以干脆让经理和部下几个人一起去。这样就会跟以往的研修不同，看起来像是郊游似的。而且人事部门好像也正在寻找新的研修方式。"

"谢谢！我这就去找他们谈！"

我马上奔向人事部。

"综上所述，作为公司内部的研修，去 TAM 参观怎么样？"

我向人事部大致讲解了一下提案内容。

负责培训的经理听后，说："太好了，我正好在寻找新的研修方式。我问问部门内其他人的意见再正式答复你。"

"谢谢！"

我激动得差点挥拳庆祝。

※　　※　　※

"太棒了！"

兴奋地大喊之后，我们分享了最喜欢的牛肉干，开始了今天的小型庆祝会。

"这都是肯你的功劳。"

"哈哈。嗯！嗯！再夸再夸！"

"你真的很厉害！真的！！"

"哈哈哈。这回你见识到了吧！"

肯一脸喜形于色的样子。于是我问了一个一直在意的事情。

"那个，其实我很早就想问你，你为什么对我这么好呢？"

"怎么了？"

"嗯，那个……我想问的是你如此费尽心力地帮助像我这样一个凡人的理由。"

"因为看见你，就想起以前的我。"

"我跟以前的你相似？"

"是。你就像是一直等待主人归来的忠犬八公一样。"

我想了想。确实，一心一意地相信某个人。从这点来看，我和忠犬八公可能真的很像。

"啊……确实。说起来，我们还真的很相似呢。"

"喂，别得意忘形了。"

"对不起！"

我们笑了。

"其实，你有一个特别厉害的才能。那是一般凡人所没有的特殊才能。"

"欸？我？"

"嗯。也许你一时难以相信。但是，总有一天你会明白的。所以我想在你身上赌一把。"

只有我才有的才能？这样拙笨的我，真的有吗？？

肯继续说："那是成为'共鸣之神'的禀赋。比起这个，你是不是偶尔也该带我出去散散步啊。"

"啊，对不起。"

我们决定在附近的公园散步。看着追逐网球的肯，我再次意识到它只是一只普通的狗。

我拥有特殊的才能？而且，还说我是"共鸣之神"？这到底是什么意思呢……？

※　※　※

"现在开会。"

随着主持人的一声令下，会议开始了。

"首先，请人事部发言。"

"是。我们人事部正在策划下一个研修活动。"

人事部经理开始汇报。今天会议的目的是编制下一期的预算。我欢欣雀跃地迎来了这一天。

因为，今天我的方案将会被批准。但是，经理继续汇报。

"我们预计明年的研修内容也和今年的一样，没有变化。"

欸？一瞬间，我怀疑自己的耳朵是不是听错了。人事部提案的内容居然与我们事先约定的不同。

"也就是说，没有变更吗？"

"是的。"

会议结束后，我立刻逮住人事部的经理追问："那个，刚才是怎么回事？"

"啊，是青野君啊。不好意思，这是上头的政策。"

"上头的政策？"

"是啊。你知道吗？从下一期开始全公司的预算管理系统要改为项目型预算。"

"项目型预算？"

"事情是这样的。在CFO神笑秀一的主导下，公司现在正在推进'成本中心的利润系统化'。也就是说，由之前的'成本中心'（负责对成本费用进行归集、分配，其业绩与销售收入无关的部门）向'利润中心'（负责收入和利润等的部门）转变。比如人事部的录用费、培训费等，都有相应的'项目代码'，必须和某些销售收入挂钩。这就是所谓的'项目型预算管理'。经理继续解释，"所以很抱歉，你的想法虽然很有意思，但是哪个事业部都不想为这个提案做预算。"

"为什么?"

"因为与录用和研修相比，以企业文化的养成为目的的措施，其效果很难分辨。换言之，根据项目型的预算管理，一线部门需要的是'效果显著且讲求实用的研修'，如 excel 培训和销售岗位研修等。"

我失望地说："怎……怎么会这样……有没有别的办法?"

"唉，你跟我说也没用啊。"

"可是，您之前不是说过 OK 的吗?"

"我是说过，但是上头的政策突然变了，我也没办法啊。"

"突然变的?"

"是啊，要实行项目型预算这个想法早就有了。也许因为业绩恶化，所以想削减不必要的成本吧? 但是现在却突然开始实施了。"

"怎么会……为什么?"

"我也不知道啊。这件事是由 CFO 神笑秀一主导的，他大概是有什么企图吧。"

"企图?"

"啊。因为有传言说神笑秀一想成为下一任社长。虽然上纳安娜是天才，但是对数字却不敏感。所以他现在大概是想强化自己容易掌控的'管理型文化'吧。"

"什么，神笑秀一要做那样的事吗?"

"我也不知道啊。但是，神笑秀一是靠实干升上来的人。因此，对于像上纳安娜那样的天才，也许嫉妒心很强吧。"

"那个，真的没有办法了吗？"

"嗯，当然，如果有能够配合的事业部的话，那就另当别论了。如果有同意给做预算的事业部长的话。"

"同意给做预算的事业部长……"

秀才对天才的"仰慕和嫉妒"

回到家，和肯说了之后，他脱口而出的第一句话就是"连个预算都没通过，真是个没出息的工薪族啊！"

"但是，我还不想放弃。"

"这才对嘛。但是，这次神笑秀一的举动寓意很深。其中包含了两个意思。一是'秀才的嫉妒根深蒂固'。对天才来说，秀才大多是'两个极端的存在'。他们不是成为天才的左膀右臂，就是成为天才的强敌。也就是说，他们要么成为天才强有力的助攻，要么成为阻碍天才前进的绊脚石。"

"秀才不是成为天才的左膀右臂，就是成为天才的强敌……"

"凡人对天才只抱有'喜不喜欢'这样简单的感情。但是，秀才却不同。秀才对天才的感情很矛盾，'既仰慕又嫉妒'。虽然心里认为'对方很厉害，很尊敬对方'，但另一方面又觉得对方'很碍眼，可恶'。因为如果世上没有天才，那么秀才肯定会站在这个世界的顶端。"

我想起了神笑秀一的例子。如果没有上纳安娜的话，下一任社长肯定是神笑秀一。

"原来如此……但是，另一方面也有成为天才左膀右臂的秀才。这要怎么区分呢？"

"自卑感啊。"

"自卑感?"

"嗯。这决定于秀才是否克服了自卑感。也就是说,克服了自卑感的秀才,作为天才的左膀右臂,将会为天才出谋划策,成就伟大的事业。相反,一直抱有自卑感的秀才却会暗中扼杀天才,成为'沉默杀手'。"

"沉……沉默杀手……?"

沉默杀手:

秀才的一种。这是由于滥用科学所拥有的"高说明能力"而产生的。他们虽然不是亲自直接动手,但却利用制度、体系、规则等间接扼杀组织的"创造性"和"共鸣性"。

肯继续说:"是。说白了,'秀才的存在'大到可以决定组织命运的程度。秀才对于组织的发展壮大绝对功不可没。之所以这么说,是因为天才的工作推进方式缺少再现性,而凡人也就是普通人跟不上天才的步伐,只有秀才才能跟得上,因为他们很优秀嘛。但也正因为如此,秀才必须成为催化剂,使组织具有'再现性'。"

"按照你的说法,不管是哪种'秀才',对组织来说都是必要的。是这样吗?"

"这个问题提得好。总而言之,秀才的价值是由给组织带来'优质科学'还是'恶性科学'来决定的。"

在我心中,又浮现出了一个谜团。

肯说:"而且,恶性科学会扼杀'艺术和产品研发'。"

扼杀艺术和产品研发……?

※　　※　　※

“经营由艺术、科学和产品研发的三个要素构成。这我之前说过吧?”

“是。”

“而且与艺术和产品研发相比,科学的说明能力极强。所以,成为沉默杀手的秀才,一个一个地夺走了艺术和产品研发的力量。比如使用'毫无意义的数据'和'管理'等。”

“毫无意义的数据?管理?”

“是。我给你举一个简单易懂的例子。在数据解析领域,有一个非常有名的小笑话。有一次,某个数据分析小组正在研究网页广告的效果。具体来说就是研究什么样的图片点击率高,什么样的图片点击率低。为此,他们展开了调查,进行了所谓的 A/B 测试。”

“测试广告的效果?”

“嗯。然后,有个年轻的研究员突然大喊'我有个大发现!'周围的研究员蜂拥而至,兴致勃勃地问他发现了什么。于是,那个研究员自信满满地说出了这样一番话——'漂亮女子的图片与只有文字的图片相比,前者的点击率明显高于后者!'”

“……美女的图片与文字的图片相比,前者的点击率高……”

“嗯。”

“那个不是理所当然的吗?”

“是啊。理所当然的啊。”

“是吧……就连我都知道。”

“没错。那种结论,只要是人,谁都知道。根本不需要什么数据分析。但是,那个年轻的研究员就是自信满满地说了出来。你知道为什么吗?这就是陷阱。”

“……是因为迷失了方向吗?”

099

"基本上是。科学的可怕之处在于，容易忘记科学研究的本质，以致将目光放在'科学研究本身'上。二流研究员就是为了研究而研究，故事里的年轻研究员正是如此。"

"原来如此。"

"而且如果以科学研究本身为目的的话，组织里的艺术和产品研发就会瞬间消亡。因为科学的说明能力远远高于艺术和产品研发。这就是'恶性科学'扼杀艺术和产品研发的理由。"

有趣。

但是，我又产生了一个新的疑问。

"有一点让我想不明白的是，那个研究员也不是出于恶意才那么做的吧？如果是这样的话，科学到底是恶性还是优质，是由什么来决定的呢？"

"那就要看如何对待'失败'了。"

"如何对待失败？"

"嗯。具体来说，由——是为了允许失败而使用科学，还是为了不失败而使用科学——这两个态度来决定。"

究竟什么是科学

　　"想要明白这个，就必须先要弄懂究竟什么是科学。据说在经营界率先引入'科学'这一概念的是美国的福特公司。"

　　"福特……那个生产汽车的?"

　　"是。福特公司设计出了科学的汽车生产方式，将每一项工序都定量化，从而快速地成长起来。这是非常有名的一个案例。此后，汽车以外的行业也引进了'科学的管理方法'，并且随着咨询公司的出现，这一管理方法一下子渗透到了整个经营界。现在，就连体育界也引进了'基于科学的管理'方法。"

　　"听起来似乎也是件好事吧?"

　　"当然。但是，正如科学界也有'一流科学家'和'三流科学家'一样，原本'科学经营原理'的实施，就要求使用者具有很高的素养，即'使用者也需要具备一定的资格'。"

　　"也就是说，实施科学管理模式的应该只有真正优秀的秀才……?"

　　"嗯，科学经营发展得太快了。管理、KPI这些词在书籍和网络随处可见，已经到了无论在什么公司都使用的程度。但是，正如伪科学让人不幸一样，科学如果使用不当，也会给组织带来不幸。沉默杀手往往会把这个'科学'引向错误的方向。"

　　"错误的方向……那么，要怎么做才能规避呢?"

"最重要的是不要忘记'科学'本来的价值。"

"科学本来的价值……?"

"你明白什么了吗?"

"不,我不明白……"

"首先,科学性的一个方面是'有验证的可能性'。也就是说,之后可以好好地检查其是否'真的存在'。但是这只是科学的一个侧面,即所谓的 PDCA(Plan,Do,Check,Action)里的'C(检查)'。"

我认真思考。科学本来的价值?

太难了。想不明白。

肯说道:"那就是'可以犯错'。科学的优点是'允许犯错误',这就是科学本来的价值。"

"可以犯错……?"

科学的优点是它允许失败

"什么意思?"

"说起来,科学家本来就总是不断地失败。反复做了 1 000 次,其中就算只有 1 次做成功了,那也是巨大的成功。成功的概率就是这么低。你明白吗?"

"在理科研究室学习的朋友似乎也说过同样的话。"

"本来科学就是'不断地失败'的过程。在无数次的失败之后,终于找到'科学的真相'。而这一真相则被写进教科书,通过书本传给世人。"

"这么说来,的确是啊。"

"所以,你通过书本一分钟就获知的'科学的真相',在其背后都是经历了数不清的失败才被发现的。在日常生活中,这些你都没注意过吧?"

"我完全没注意过。"

"正因为如此,才更危险。在教科书上只学习了成功的精华的'秀才',因为没有经历过'不断地失败',所以误以为自己能熟练运用科学。也就是说,当没有失败过的秀才成为组织的上位者且大肆标榜科学的时候,就会扼杀天才。某位世界知名的科学家曾说过'科学的优点是它允许失败'。"

总觉得我像是在学校上课。

"但是，这样一来，诸恶的根源是?"

"由掌握了错误的科学方法的人来使用。大概是这个吧。"

我第一个想到的就是神笑秀一。是他吗?

"我想起一件事……项目型的预算管理是被突然引进的。"

"啊，公司里的'沉默杀手'可能就是那个家伙吧。"

找出公司里的"沉默杀手"

　　我决定第二天找"最强执行者"——横田商量一下。

　　"原来如此……那还真有可能啊。"

　　听了全部事情经过后，横田说："我不知道真相是怎么样的。但是，如果是神笑君为了让上纳安娜下台，而在这几年故意加强各项科学管理要求的话，那么前后就说得通了。"

　　"是吗？"

　　"而且，管理会计的规则发生改变，也正好是从 3 年前开始的。你不记得了吗？从那时候开始，安娜社长开发的项目的赤字就突然变得引人注目了。"

　　"的确是。一开始赤字数目之大，甚至让人怀疑'是不是弄错了'。"

　　"是的。那个时候，我们都觉得安娜社长的新项目开发的比较顺利。但是，统计数据却表明存在严重的赤字问题。所以才吓了一跳。"

　　"你说的对。"

　　"也许，'管理会计的规则变更'实际上有可能是为了让安娜社长下台而做的周密准备。"

　　"那么，我们必须得想办法阻止他们。"

　　"哎，等等，青野！这都还只是我们的猜想，得问问财务会计部改变规则的原因才可以下定论啊。唉，也不知道他们能不能告诉我们。"

"走吧！"

没等说完，我就站了起来。

"你能陪我一起去找经理吗？"

"欸？我？"

"是啊。"

"……可是，我有点打怵上山部长啊。外企精英气场太强了。"

"嗯，但是我还是得谢谢你。"

"哎呀呀……"

被更改的会计准则

当时，公司会计准则变更项目是由CFO神笑秀一和他的部下——财务会计部长上山推进的。

"怎么突然过来了？我很忙，简单点说！"

说完，上山正了正眼镜。

"哎呀，不好意思百忙之中打扰您了。"横田道歉后，马上进入正题。

"是这样的，我想知道3年前会计规则变更的原因。您能不能给我10分钟的时间？"

横田很会说话，应对方的要求，寥寥几句话就解释了我们来此的目的。分寸掌握的很好，既有逻辑又顾全了对方的感受。但是，财务会计部长上山的反应一如既往地焦躁。

"啊？为什么？"

"理由有两个。一是'我们部门也想进一步加强预算管理'，所以请务必告诉我要点。"

"你的团队？"

"是。二是我认为在一线工作的员工也'最好多了解一下公司整体的预算管理'。我想召集有同样想法的同事一起开会学习一下。所以，我需要先了解清楚。"

真不愧是横田。这番措辞让我佩服得五体投地。这样就算我们对会计准则的变更原因刨根问底，对方也不会产生怀疑。

上山稍微想了想之后继续道："原来如此……你具体想知道什么？"

"首先我想问的是，3年前为什么更改会计准则，其背景是什么。"

"这个我们在公司内部反复说明过吧。你没听过吗？"

"不，我听过。但是，没办法，脑子不好。"

"……真是的。你看看这个！"

话音未落，上山砰的一声甩给我们一份资料。上面写着更改会计准则的理由等等。横田曾在经营企划部门待过。因此，对数字也很敏感。

横田一边浏览资料一边说："啊，原来如此。我可以问一个问题吗？"

"什么？快点说！"

"这部分，我有点不明白……"横田指着一页问道，那上面写着"新项目撤销标准的明确化"。

"这里啊。怎么了，有问题吗？"

"这里写着项目的盈利是以单体为基础来判断的。这个想法就是现在'项目型预算管理'的基础吧。"

"是。所以你想说什么？"

"我觉得这本身挺好的，但是新项目的撤销标准是不是有点太严格了呢？将新项目和已有项目一视同仁是不是有些不合理？"

"是吗？那有什么不对的吗？毕竟是同一家公司啊。"

"但是啊，新项目两年内凭基本的人工成本实现盈余，这能做到吗？"

也许是想到了什么，上山的眉毛微微一动。

"虽然我觉得在您面前说这个有些班门弄斧，但是开始新的商业项目的时候，基本上没有钱，也付不了很多的工资吧？所以不得已只能降低销售管理费。"

上山沉默不语。

横田继续说："但是，按照这个会计准则的话，即使是新项目，其人工成本也是按照100％计算的。这样的话，一个新项目想要在两年内就实现盈余，那几乎是不可能的吧。"

"怎么了，你有什么不满吗？"

"不不不不……没有，绝对没有。"

上山站了起来，说："已经可以了吗？我很忙。"

不能放他走！我下意识地抓住他的手臂，说："别走，请告诉我。"

我紧紧地用力抓住他。

"请坐。"

大概是明显和平时不一样的原因吧，上山部长目光炯炯地将视线转向我。他坐回到座位上。

横田说："我想这项制度一定是被再三考虑过才实行的，但是我不明白为什么要这样做。"

"……"

"这种程度的事情，我觉得上山部长您应该是知道的。"

上山不情愿地回答："……是故意那么做的。也就是说，是故意重新制定会计准则，让人觉得'在新项目上没有盈利'。"

"故意的……？"

※　※　※

上山继续说："你们没录音吧？"

我回答："当然。"

"正如你们所想的那样，按照现在的会计准则，新项目绝对不会在两年内实现盈余。当然，严格地说，凡事没有绝对。"

我心中的怒火升腾而起。

"为什么？为什么要那么做？开始新项目，不是公司的决策吗？"

"青野。那只是'社长'那么说的吧？"

"是的！正因为如此，你们为什么要阻挠呢？"

"那是因为，上纳安娜已经确确实实地成了阻碍公司发展的'障碍'。"

"啊？"

"啊什么啊，青野，这点我确信不疑。这么做不是为了我自己，是为了公司。"

"我不明白，不明白你的意思。"

"现在的公司需要的不是上纳安娜，而是神笑秀一。我们公司已经是一家面向大众提供服务的公司了。公司规模过于庞大。仅靠一个领袖人物经营的时代结束了。"

"上山部长，您在说什么！她的时代还没有结束，应该还能做到，她还有开创新项目的热情和才能。"

"正因为如此，才有必要结束她的时代。看看电视和新闻，有着超凡魅力的创业者到了晚年，品位和才能都衰退了，甚至'倚老卖老，固执己见，阻碍公司发展'的例子也比比皆是。最后，受苦的不是别人，是我们这些员工。"

"为什么，为什么你们会做出如此残酷的事情？"

"我完全不认为我做错了什么，而且神笑君也是赞成的。"

"那……那么……是故意为了让新项目失败，为了突出赤字，才更改了会计准则？"

"是。不管说多少次都可以。"

上山语气沉重地继续说："是。是我扼杀了天才。"

"是。是我扼杀了天才。"

这个公司已经不需要天才了

　　那天晚上回家的路上，我思考自己到底是为了什么而工作的？

　　回想起来的还是创业的时候。那时候，安娜是年轻的天才创业者，才华横溢，雄心勃勃，比任何人都有魅力。

　　不久，公司变大了，这家公司已经不再是她一个人的公司了。那是事实。

　　但是，尽管如此，我还是一如既往地相信她的才能。一旦失去了这一信念，就会觉得自己内心变得空空如也。

　　"喂，青野。"

　　横田走在我的后面。

　　砰！他拍了一下我的背，说："一起去吃饭吧。"

　　我们进了附近的套餐店。这家店的土豆沙拉非常有名，我们从进公司的时候开始就经常来这儿吃饭。

　　"太让人震惊了。"

　　"是啊……"

　　"我知道自己不该这么说，但是说实话，我觉得上山部长的话是有道理的。"

　　"有道理？"

"啊。如果，我是说如果，如果公司里没有神笑君，那么现在安娜也还是社长的最佳人选，毕竟没有人可以替代她。但是，现在有了神笑君，他很聪明，又非常努力，我想他也许更适合现在这个阶段的公司。"

"嗯……这些我也知道。但是，这家公司是她建立的，是她白手起家一点儿一点儿建立起来的。现在要把这些从她手里抢走，实在是太残酷了吧。"

"唉……确实，神笑君是后来加入的，他来公司才第四年，而且还是在公司形成一定的规模后作为董事进来的。"

"我现在已经不知道什么是正确的，什么是错误的了。"

我把杯里的威士忌一饮而尽。

横田说："嗯。我觉得也许现在最重要的不是那个。"

我一脸疑惑。

"最重要的是安娜社长自己是怎么想的，不是吗？因为，你想支持的不是我们公司，而是上纳安娜本人吧？"

"当然。"

"那么，你现在重视的不应该是她的真心话吗？"

"她的真心话……"上纳安娜现在的想法？

表 5　了解才能奥秘的第二步

第一步	理解并有效发挥自己的才能
第二步	理解并有效利用相反才能的力学
第三步	精选武器，解除限制器

←现在通过了第二步

第 3 章

选择好你的武器，战斗吧！

天才的黑暗面

回到家，肯看到我无精打采的样子，问："怎么了？我还是第一次见到你这么没精神的样子。"

"那是啊。在这种状态下，换了是你，你能打起精神来吗？"

"能啊，汪汪！逗你的。"

"我要回家。"

"不对，这儿就是你家吧。"

"是，是啊。"

"啊？搞笑的吧？如果不说'我要去公司！'的话，那不就是认输了吗？"

"可是，这是事实啊……"

"嘎嘣。"伴随着沉闷的声音，剧痛袭满全身。

"疼疼疼疼疼！你在干什么！！"

"咬了你一下。"

"欸？欸？欸？"

我这才发现肯咬住了我的右大腿。伴随钝钝的痛感，肾上腺素霎时游遍全身，血压瞬间飙升。

肯说："这回打起精神了吧？"

"精……精神没打起来，血倒是流出来了！"

"没事，没事，这回你有了还活着的感觉了吧？"

117

我脱下带着牙印的裤子，匆忙止血。肯哈哈哈地笑出了声。这条狗太乱来了……

　　"我来告诉你一件事吧。你终于到了要掌握'才能的奥秘'的阶段了。"

　　"才能的奥秘？"

　　"嗯。你想支持'有才能的人'。这就是你一直以来的愿望吧？"

　　"是的。"

　　"你啊，现在终于能理解'天才'了，还领会了理解天才的重要前提，那就是'天才的黑暗面'。也就是说，做好了理解'天才的黑暗面'的准备。"

　　"天才的黑暗面？"

　　"嗯。说起来，为什么做出了成果而且还受到世人称赞的天才，最后却自杀了呢？那是因为他们被'心中的黑暗'吞噬了的原因。"

　　"心中的黑暗？"

　　"嗯。但是，天才中也有'幸福地活下去'的人。你不想知道区分这两者的是什么吗？"

　　选择死亡的天才和幸福地活下去的天才，区分这两者的到底是什么呢？

　　"问题的关键在于天才身边是否有'共鸣之神'。"

　　"共鸣之神？"

　　"是。凡人里有一种人，他们'具有极高的共鸣性，能分辨出谁是天才'。这种人被称为'共鸣之神'（见图 11）。共鸣之神会注意到人际关系的微妙之处。最终可以从人与人的关联图中看清'谁是天才，谁是秀才'，并理解天才的想法。被卷入太宰治殉情事件里的女人，就是一个非常容易理解的例子。"

　　"被卷入太宰治殉情事件里的女人……"

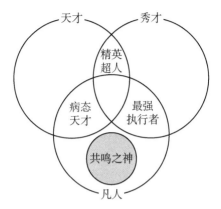

图 11　支持天才的共鸣之神

　　"很多天才都是因为不被理解才选择死亡的。但是，也有些天才被这个'共鸣之神'所理解、支持，才能勉强在世间生存下去。共鸣之神因为是处理人际关系的天才，所以能够为天才提供助力。"

　　"处理人际关系的天才？"

　　"嗯，实际上这是从人类动力学角度来看的'世界进化机制'。"

　　世界进化过程中的人类动力学？

119

共鸣之神的本质就是"根回大叔"

"以前，我和某位'超级巨头企业'的大人物谈话的时候，注意到了一个有趣的问题。那就是大企业进行革新离不开'年轻有才能的人和根回大叔①'。这就是'天才与根回大叔的理论'。"

"也就是说，天才与共鸣之神……?"

"是的。众所周知，对几乎所有的大企业来说，'根回'都是极其重要的。要想开展新的项目，就必须事先与各个部门进行沟通并取得共识。"

"在我们公司也是这样，事先与各个部门进行沟通并取得共识是非常重要的。"

"但是，这种事情，天才是做不到的。因为他们虽然有'创造性'，但是'再现性'和'共鸣性'的能力却很低，所以无法说服普通人。所以天才为了实现创新就需要一个能够'在背后支持他（年轻有才的人）的人'。这些人即被称为'共鸣之神'。"

这样的话，闻所未闻，让我一时间竟忘记了腿痛。

肯继续说道："天才在共鸣之神的支持下，得以进行创新活

---

① 根回：指做好事前工作，即提前与所有相关者、受到影响者共同讨论问题及可能的解决方法，收集他们的意见，并对解决途径取得共识，以此来有效地推进项目。根回大叔即指做这一工作的人。

动。而天才创造的东西，则被精英超人和秀才赋予'再现性'，通过最强执行者，与人们产生'共鸣'，以此来促进世界的进步。这就是从人类动力学角度来看的'世界进化机制'。"

"相信才能"的能力

"也就是说,我就是对于她来说的共鸣之神,是这样吗?"

"不,不是。准确地说,是不一样的。你以前只是个普通的'凡人',但是现在,不仅一只脚迈进了天才所拥有的黑暗世界,而且还理解了秀才对天才的矛盾心理,看到了凡人是如何扼杀天才的。所以,现在的你从真正意义上理解了'人类动力学'。"

"的确……以前的我不理解秀才对天才既尊敬又憎恶的矛盾心理。"

"而且,你拥有晋升为'共鸣之神'最重要的要素——一个特别的才能,那就是相信别人才能的能力,一直坚信别人才能的能力。"

我想起了肯以前对我说过的话。

"你有一个特别厉害的才能,总有一天你会明白的。"肯继续说,"现在就是那一天到来的时候。你即将拿到'最强大的武器'。"

"自己的语言"就是最强大的武器

"但是我只是个凡人，而且也没有才能。"

"不对。你听好，凡人最强大的武器就是语言，其中尤以'自己的语言'最为强大。"

"自己的语言？"

"是。说起来，语言里混杂着很多谎言。所谓谎言，其实并不是自己的语言，是从别人那里借来的语言。"

"从别人那里借来的语言？什么意思？"

"你想象一下婴儿学习语言的过程就会明白了。婴儿最先记住的话是什么？"

"妈妈、那个、不喜欢以及食物的名称等等？"

"你说的这些都属于'自己的语言'。要说是怎么回事的话，就是这些全都是先有自己想做的事和本能的情绪反应，然后在这个想法和情绪反应上碰巧贴上了语言这个标签。比如想碰妈妈、想吃饭、不喜欢那个、想要那个等等。"

"的确是先有情绪反应。"

"是啊。但是，你看看大人使用的语言，几乎所有的语言都是'他人创造的语言'。比如利润、公司、市场营销等，这些语言原本就是不存在于这个世界上的情绪，是由公司、组织、国家等'人为建立的机构'创造出来的便利的语言。"

"便利的语言……但是也是社会需要的吧？"

"当然。自己的语言和便利的语言，只有这两个都具备了，社会才能运转。但是啊，能打动人心的并不是便利的语言，而是震撼灵魂、从自己的内心发出的语言。'便利的语言'是秀才的武器，而'自己的语言'则是凡人的武器，是只有凡人才能拔出的最强之剑，是传说中的圣剑。"

我从未想过。正因为是凡人，才能拥有的最强大的武器……那就是"自己的语言"。

肯继续说道："懂了吗？丢掉他人的语言，拿起'自己的语言'这一最强大的武器。只有这样才能让你的才能绽放。"

对我来说最强大的武器……？

摒除他人的语言，自我坦诚

肯对我说的话很有趣，但我还没有抓住要点。

"那个……怎么才能弄到手呢?"

"凡人要得到'最强大的武器'，需要经过两个过程。一个是'摒除他人的语言'，将从别人那里借来的语言完全从日常工作中排除出去；另一个是'坦白'。"

"坦白?"

凡人得到"最强大的武器"的两个方法:

1. 摒除他人的语言;

2. 坦白。

"我们人类在成长过程中，会用很多铠甲来武装自己。例如高深的框架、经营用语、高大上的概念等等。试着摒除所有'从他人那里借来的语言'来谈工作，是非常重要的。KPI、进展管理、数据、企业治理等这些词一概不用。"

试着摒除所有"他人的语言"来谈工作……我连想都没有想过。那么做，真的能得到最强大的武器吗?

"经营、利润这类词也不能使用吗?"

"当然不能。要是不知道用什么的话就想想'小学生是否也使用'。即使是小学生也能勉强使用的话就 OK，如果不是的话就不行。"

"你的意思是……试着只用即使是小学生也会使用的词语来谈工作。"

"这样你就会发现商务人士在日常工作中将'自己的语言'遗忘到何种程度。然后，坦白自己的真实情况。这样的话就一定会打动对方，奥赛罗的棋子也会就此翻转。"

我不懂。但是，如果这是找回自己语言的第一步的话，那就只能试着去做了……

"我们"应该做些什么

从那天起，我的想法发生了转变。

的确像肯说的那样，公司里人们在日常工作中使用的全部都是"他人的语言"。今天的会议就是如此。

"下面我们开始讨论 KPI 数据完成情况。首先请营业部汇报预算执行计划进展情况。"

财务会计部长上山说完，营业部经理就马上开始汇报。

"首先，销售额仅完成了预算的 90％，这样下去的话就无法达到预算指标。造成瓶颈的原因在于公司里的知识共享不够完善。"

"怎么回事？"

"每个分店的工作推进方式都不一样，成功案例没有向其他分店推广，所以不同营业分店的销售额也出现了偏差。"

这样回头一看，工作上使用的几乎所有的语言都是从别人那里借来的。当然，那也是必需的语言吧。

但是，也的确不是能"打动人心的语言"。

会议仍在进行，轮到我汇报了。

上山说："请汇报一下宣传部的工作进展情况。"

"是。宣传……宣传部……"

我想起了肯的话。为什么这么说呢？因为连"宣传部"这个词都感觉像是从别人那里借来的。

如果是小学生的话，会用"宣传部"这个词吗？他们会怎么说呢？

这一想法瞬间浮现在我的脑海。他们也许会认为这个词很无聊吧。如果我还是像以往那样的话，那就不会有任何改变。此时的我唯有相信肯的话。想到这，我只能试着去做了。想来想去，我觉得应该是"我们"。如果是小学生的话，一定不会用"宣传部"，而是用"我们"。

上山一脸烦躁的样子。

"我……我们的进展，现在对于目标……"

说到这儿，我又停住了话头。进展？目标？那真的是我的语言吗？答案是否定的。

叹息。上山显然很恼火。

"喂！青野。你身体不舒服吗？如果不舒服的话，那就赶紧回去吧。"

周围的人忍俊不禁。

我必须改变。以往的我在这种情况下一定会道歉，说"对不起"。但是，没有关系。我拼命地在脑海中搜索合适的词。如果是小学生的话，一定会说"我们正在做××"，以这种方式讲述自己正在做的事情和今后想做的事情吧。

我扔掉手头准备的笔记，说："艺术博物馆节，就是我们将要举办的祭典活动。"

"嗯？"

会议室里的空气凝固了。然后，大家抬起了头。

上山质问："艺术博物馆节？你在说什么！青野。"

"祭典活动让人很开心，既兴奋又激动，因为聚集了很多人们喜欢的东西。"

"啊？你……"

我无视上山，继续说："祭典活动为什么让人开心？因为那里有人，有开心的摊子，有舞蹈，有音乐，聚集了很多人们非常喜欢的东西，所以参加的人会说'好开心啊''明年再来吧'。参加后会很开心，也会很兴奋，我觉得在这一点上艺术博物馆也是一样的。但是，为什么艺术博物馆'只有一次'，而祭典活动却是'每年'都有呢？这是为什么呢？"

会场里所有人都看着我。

"我发现其原因在于'自己能参加的活动'和'祭典活动结束后'。"

刚刚还兴致索然的企划部经理探出了身体。

"你的意思是参与性和余韵？"

我回答："是的。祭典活动是一项可参与性活动，我们可以穿和服、跳舞、成为活动的一部分，而且祭典活动的准备工作也是全员参与。但是，艺术博物馆只是看看就结束了。"

"青野，适可而止！不要说这些无关紧要的话！"

上山厉声怒喝。听闻，企划部经理立刻阻止，"别，挺有意思的，青野君，继续说。"

"谢谢。还有一个是余韵。我小时候，祭典活动结束后，看着静寂的会场，经常会想'啊，这个季节结束了''又得等明年了'。"

"嗯！这点我深有体会！"

"然后，即使回到家，那种心情也会一直持续下去。因为有那种在路边摊买的、莫名其妙闪闪发光的玩具和金鱼等特产，所以看到这些就会想起祭典活动。这与旅行也是一样的。"想表达的事情自然而然地涌现出来。"特产可以延长旅行的保质期。看到或品尝带回家的特产，就会自然想起'那个时候的那个地方'。或者说，通过把特产送给别人，也可以使之成为'谈旅行趣事的契机''说话的由头'。也就是说，特产延长了祭典活动的保

129

质期。"

会议室里的气氛明显地热烈起来。刚才还看不起我的与会者也在侧耳倾听。

一个有孩子的人说道:"确实。参加夏日祭典后,孩子会带回来莫名其妙的玩具,每次看到它都会想起'自己的童年'。是这样吧。"

"啊,我明白那种感受",赞同的声音响起。奥赛罗的棋子翻转过来一个。

我继续说:"所以我认为,艺术博物馆再生的关键有两个,一个是策划大家都能参加的活动,另一个是开发能够延长保质期的特产。"

我继续讲解。

企划部经理赞同道:"有道理!"

※　　※　　※

会议结束后,企划部经理叫住了我。

"青野君,你今天的提案非常有意思。简直就像是上纳安娜附身一样,让人非常期待。有具体实施方案吗?"

"没,实际上还没想好具体怎么做。对不起。"

"这样啊。要不要考虑让我们部也一起加入?"

"欸?可以吗?我真的可以吗?"

"当然啦。其实我原本也是被上纳安娜的才能吸引才进了这家公司的。我之前就觉得她这样辞职太可惜了。"

"是吗?"我有些心动。也许这是我人生中第一次用自己的语言打动别人。这么一想,我不禁激动起来。

"谢……谢谢……请您一定要助我一臂之力。"

"这你就放心吧。赶紧把企划书写出来,在下周的董事会上提交。"

"欸？董事会？"

"是啊，这周内把企划书整理好，由我们部门来提案。可以吗?""拜托了!"说实话，我还不知道自己什么地方变好了。但是，如果我今天和往常一样说话的话，绝对不会有现在这样的效果。这么说来，肯也曾说过这样一段话。

"你知道人为什么要使用他人的语言吗?"

"为什么……不知道。"

"那是因为，很轻松，绝对的轻松，别人的语言用起来很方便。因为自己不是主语，所以也不需要自己的想法。而且，最终还可以归咎于别人。虽然如此，但也并不是什么坏事。因为这是人为了生存下去而创造出来的一种技术。但是，如果真的想打动别人的话，就不能使用那样的语言，一定要用自己的语言。"

"用别人的语言是不能打动人的……"

"嗯。能打动人心的只有'自己的语言'，而且找到自己的语言绝对不是一件容易的事情。但是对现在的你来说，这是非常必要的。"

确实，那绝对不是一个轻松的过程。但是对于现在的我来说，可能是必要的。我感觉到自己的心里有什么正在改变。

武器和绊脚石

　　回到家，肯对我说："至今为止我教了你很多东西。今天要给你讲的是'武器'和'绊脚石'。"

　　"武器和绊脚石……?"

　　"嗯。只有找到与才能相配的'武器'，才能正式拥有才能。"

● 才能×武器

　　"无论是有什么才能的人，如果没有将才能表现出来的'武器'，就没有办法让世人知晓。这就比如画家手中的笔、音乐家演奏的乐器。而且，超一流的人一定会拥有对自己来说'最好的武器'。"

　　"最好的武器……"

　　"最容易表现自己才能的'方法'就是武器。才能只有体现出来，才能让他人知晓。这就是才能展示的'媒介'。这把'武器'，不管是多么有才能的人，都必须要经过反复锻造才能发光。这与没有人天生就会弹钢琴的道理是一样的。"

　　"原来如此……"

　　"而且，武器有组合。"

与创造性相合的武器：艺术、创业、工程、文学、音乐、娱乐

与再现性相合的武器：科学、组织、规则、管理、数据、编辑、文件、法律

与共鸣性相合的武器：语言、市场营销、SNS（社交网络服务）、照片、对话、地域

"而且，理解了这个'武器'的人会根据具体情况选择'组合哪个武器'。比如说，想发挥创造性才能就使用'艺术'，想发挥再现性才能就使用'数据'。"

才能和武器等于社会上可以认知的成果。

"是这样啊……"

"也就是说，早熟的天才是在很早的阶段就发现了'适合自己的武器'的人。不管有多少才能，只要适合自己的武器没有经过反复锻造，就无法让社会认知你的才能。当然也绝对无法脱颖而出。"

"对我来说最适合的武器是'语言'？"

"是的。而且这还表明了另一个重要的事情。"

比武器更重要的事……？

每个人的心中都有一个天才

"你知道'俄罗斯套娃'吗？"

"俄……俄罗斯套娃？那个玩具？"

"嗯。不管打开多少次，都会看到里面装着同样形状的娃娃。就是那个。你要知道，理论本来就是为了'用最简单的方法说明最复杂的事情'。也就是说，尽可能做到用简单的方法来说明很多事情。这就是成为卓越理论的条件。"

"反过来说，例外是无论如何都会产生的……？"

"是啊。所以说这个'天才理论'也有例外。但是，这个理论的价值在于让你意识到实际上在你心里也有一个天才。（见图 12）"

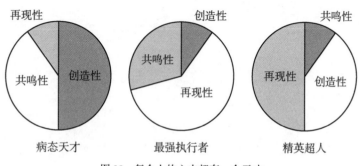

图 12　每个人的心中都有一个天才

134

"我心里也有一个天才……?"

"是。你心里也有一个天才。但是，你的心里同时也孕育着'扼杀那个天才的秀才'和'凡人'。换言之，几乎所有苦恼自己'为什么不能创造性地思考'的人，都是在年轻时的教育过程中，扼杀了自己心里的天才。这次，你成功地解除了那个限制器。"

"我解除了自己心中的限制器……你指的是忘记'秀才的语言'?"

"是。人的才能不是 0 或 100 这两个极端。打个比方，创造性、再现性、共鸣性三者的比例不是简单的 10 : 0 : 0，而是基本上三者都各占一定的比例。然后根据比例的高低划分出了'天才''秀才'和'凡人'三种类型。"例如：

病态天才　　创造性：再现性：共鸣性 = 5 : 1 : 4

最强执行者　创造性：再现性：共鸣性 = 1 : 6 : 3

精英超人　　创造性：再现性：共鸣性 = 4 : 5 : 1

"也就是说，你也有创造性才能。"

"是这样啊……"

"但是为什么世上被称为'天才'的人少之又少呢？那是因为正如我一开始说的，'说明能力的差距'扼杀了处于萌芽状态的天才。你没有经历过这样的事吗？"

肯继续说："半夜想到一个非常有趣的点子，把它记下来，期待着明天马上发表一下，兴奋不已。但是，第二天早上重新看了一下，突然觉得'完全不合逻辑'。最后，觉得昨天的自己像个傻瓜一样，很丢脸，于是又把记下的东西删掉。"

"如果是最近的话倒是有。虽然想到了一些工作的点子，但是马上就会想'如果被这么说了该怎么办?''也许会失败'，思来想去最后什么也没做。"

"嗯。实际上，这个时候就是一个在你的头脑中按顺序依次跳出来天才、秀才、凡人的过程。首先你心中的'天才'想到了一个点子，然后'秀才'用社会标准和逻辑来判断'好或不好'，最后'凡人'出场，用感情判断这个点子'很丢脸'或者'周围人会怎么看'，最终决定还是放弃吧。"

我回想了一下，确实经历了从创造性到再现性再到共鸣性的过程。

肯继续说："也就是说，所谓天才就是在获得'适合自己的武器'的基础上踢走了阻碍其成为天才的'绊脚石'。就是这样。"

"但是，尽管如此，我还是不认为自己有创造性。昨天的事只能说是侥幸罢了。"

"你真是个笨蛋啊。听了我之前给你讲的，你不是已经理解了天才心中有阻碍其成才的'绊脚石'吗？为什么认同世上的天才心中有阻碍其成才的'绊脚石'，但却不能理解自己心里的天才也有这个'绊脚石'呢？是有什么理由吗？"

"理由……"

"并没有什么理由吧？"

"这……大概是因为在成长的过程中，一点点被灌输了社会上有'自己无法与之匹敌的天才'的缘故吧。"

"你是真不明白啊。那个是那个，这个是这个，完全是两码事。"

"两码事？"

"嗯。也就是说，世上确实有天才中的天才。如果你和他们在同一个赛场上竞技的话，是不可能取胜的，这是事实。但是，这与'你的心中也有不少天才'完全是两码事。而且，人只是将目光放在'是否有才能'上。但是，不能发挥才能的问题点在于，跟是否有才能相比，更重要的是在这之前将'绊脚石'去除。这才是‘成为真正的自己’的方法。"

我想起了下面这句话。

"相信并有效利用才能的最大好处，就是遇到迄今为止最好的自己。"

我也许终于明白了这句话的意思……

和肯的离别

　　总之，那个周末我拼命地工作。早上 6 点起床，晚上直到深夜还在整理资料。但是不可思议的是并不觉得苦。相反，甘之如饴。久违地回到了以前专心致志工作的状态。

　　董事会的前一天，做完所有的准备工作，我和肯决定去很久没去的涩谷散步。八公的铜像消失了。这里现在似乎被称为"原八公铜像前"。

　　夜风很舒服。

　　肯说："啊，有件事我必须告诉你。"

　　"必须告诉我的事？"

　　"我啊，差不多该回归忠犬八公了。"

　　"回归忠犬八公？"

　　"嗯。"

　　"欸，你的意思是要变回铜像吗？"

　　"是，是啊。"

　　"不，不要啊。"

　　"但是这也是没办法的事啊。"

　　"可是为什么突然这么说呢？"

　　"因为带薪休假已经结束了。"

　　"欸？"

"带薪休假。"

"带薪休假?"

"嗯。全用完了。玩的时间太长了。"

我虽然有很多想吐槽的地方,但还是忍住了。

肯说道:"总之,我已经不能长时间跟你待在一起了。你要明白。"

"但是,还是能像现在这样聊天吧?"

"不,不能。这样的机会一个人最多只能有一次。"

"不能?为什么?"

"让才能爆发出来需要惊人的力量。正因为如此,接下来该由你来当'传授者'了。从某处学到才能使用方法的人,这次就轮到他来教别人如何使用才能。世界就是这样运转的。"

"轮到我来教别人……?"

"你成长得很好。正因为如此,今后你必须独立,成为'有效利用才能的人'。这是你的命运,也是作为'共鸣之神'的使命。"

"但是……没有你,我会很孤单……"

"新的才能,无论在哪个时代都一定会诞生。这个涩谷、这个城市、这个国家、任何地方都会有新的才能诞生。一想到能和这些人相遇,就会感到欢欣雀跃吧?"

我低着头。

和肯的离别临近了。只是想想就觉得难受。

"我知道了……"

"这么没精神啊,再这样我可要咬你了啊!"

"别……千万别!"

"那你就大声回答我!"

"是!是!我知道了!"

"噢,就是这样,就是这样。做得好!那么,现在就以百米冲刺的速度回家吧!"

"是!"

出售项目

"我的发言结束了。"

那天，我穿着比平时更笔挺的西装去公司上班。

这套西装是 5 年前一起创业时的同伴作为生日礼物买给我的，有着特殊的意义。

所有的董事都出席了董事会，不可思议的是我并没有紧张。我讲解完企划书的内容后，上纳安娜开口了。

"能参加的活动和特产吗?"

我回答："是的。这个办法一定会让博物馆比现在更火爆。"

"这个提案确实很有趣。但是，实际上有件事我必须告诉你。"

"必须告诉我的事?"

"公司已决定正式出售 TAM。"

"欸?"

我怀疑自己是不是听错了。

"为……为什么?"

"事实上，作为主要投资方的 A 公司说要'本期停止合同'。"CFO 神笑秀一继续说，"我想你应该知道，博物馆的营业收入是由入馆费、周边产品、投资方的投资构成的，而且，我们博物馆能勉强承受现在的赤字也是因为有 A 公司的投资合同。"

"这个……是，我知道。"

"如果 A 公司撤资的话，TAM 就会面临更加巨额的赤字。作为公司上层，我们无论如何都想阻止这一事态的发生。所以，这半年来一直在努力与对方交涉。但是，结果还是失望了。"

"怎么会……突然这样。"

"取而代之的是，对方建议'出售项目'。也就是说，如果不想因投资方撤资而致使博物馆关门，就把博物馆卖了。"

"欸？是卖掉还是关门，两个选择迫在眉睫了吗？"

"是的。但是，实际上这种手法在大企业收购小企业时经常使用，也就是说，是资本主义社会司空见惯的事。事情是这样的。大企业在收购小企业的时候，会有计划地逐年增加订货金额和投资金额。比如从 0.5 亿增加到 1 亿、2 亿、4 亿、8 亿日元，逐年增加。当然，小企业的利润会暂时增加。但是，这实际上是大企业的'收购策略'，有一天小企业会突然接到大企业停止'所有交易'的通知。小企业就会陷入困境。原因是在那个时候针对大企业的销售收入一消失，小企业的固定费用就会膨胀到'破产的程度'。于是，大企业就会趁机提出'收购'方案。也就是说，以令人难以置信的程度急剧增加订货量，是大企业'为了几年后收购'小企业而埋下的伏笔。"神笑秀一继续说道，"也就是说，TAM 在 3 年前开始指望投资方投资的时候，就已经无法摆脱不得不被卖掉的命运了。我们是绝对会输给投资方的，命运如此。"

"太过分了……"

"哪里过分？倒不如说这是理所当然的事。不在市场上流通的产品和服务迟早要被淘汰。这是资本主义的原则。"

我低着头说："你就不觉得不甘心吗？"

"不甘心？那是什么心情？"

"精神病。"我想起了有员工这样称呼神笑秀一。

他继续说："对我们来说，这倒是最有利的一个解决方案。这次出售，可以让我们及时止损，而且，博物馆的名字还可以继续沿袭下去。也就是说，宣传效果也可以保留下来。这个方案正是我们所期望的。"

"但是在博物馆工作的员工怎么办？"

"怎么办？他们只是个打工的吧。想辞职的话就辞职好了，这有什么关系。"

"你怎么那么……他们可都是我们的同伴啊。"

我看向上纳安娜，她在想什么呢？

"安娜社长，您的意见是？"

"我也赞成。"

"赞成？为什么？"

"虽然神笑秀一是那么说的，但是我觉得不如从反方面来思考。TAM平时有200人在工作，如果不接受这个提案的话，就真的无法保住他们的饭碗。青野，你不这么认为吗？"

我的脑子乱了。据说经营是决策的连续。他们确实看到了我看不到的世界，是这样吗？我想起了以前肯说过的话——"根据共鸣性进行的决策，也有危险"。

"提案就这些吗？"

神笑秀一这么一说，会议就结束了。我的提案未能通过。

事后，肯说了这样一段话——在资本主义的世界里，再现性大于共鸣性；在家族经济的世界里，共鸣性大于再现性。

"因为有你，才有了现在的我"

　　我站在办公楼的屋顶俯瞰城市。

　　微风拂面，让人觉得很舒适。

　　最终，我的提案没有通过。但是，不可思议的是我并没有后悔。

　　因为这半年我不留遗憾地努力工作了。这是我在创业期以后第一次这么不顾一切地拼命工作。

　　"青野。"

　　我回过头，发现上纳安娜站在我的身后。我们并排坐在长椅上。

　　"那个，有件事我必须要对你说。"

　　"我也是。"

　　"是吗，什么事？"

　　"其实，我想辞职。"

　　"欸？"

　　"这次的事情让我确信，在这个公司，我该做的事情已经都做完了。"

　　这是我真实的想法。

　　或许我是"共鸣之神"，在早期发现天才并帮助他们，我觉得这就是我的使命，也是我的职责。但是，这个公司现在已经不需要我履行这个职责了。

"这 10 年来，我一心支持您。但是，现在这个任务已经结束了。您和这家公司都变得十分强大了。"

安娜露出些微悲伤的表情嘟囔着"是吗？"她继续说："已经想好去哪儿了吗？"

"不，还没有。但是，不管是哪个时代还是哪个地方，都一定会有新的才能诞生。那时，我会发现谁都没有注意到的才能，并且继续支持。这就是我想做的事。"

"嗯，这还真是你的风格啊。"

"谢谢。您要对我说什么事？"

"啊，我要说的事？算了，没什么。比起那个，我更想向你表达一下我的心情。"

"什么？"

"非常感谢你一直以来对我帮助。"

就要和自己一直支持的她离别，我难过地快哭了。但那一定不是消极的离别，而是积极向上的。我忍住了眼泪。

"我才是……才是要谢谢您。"她继续说，"因为有你，才有了现在的我。这份恩情，我绝对、绝对不会忘记。毋庸置疑，青野，你就是我的伯乐。"

季节轮回，时光流转

十年后。

"请下一位。"

话毕，会议室的门开了，一个穿着崭新西装的年轻人走进来。

"请作个自我介绍。"

"我叫××，毕业于庆应义塾大学。大学时加入了网球社团……"

最后那天晚上，肯消失了，变回了原来的铜像。回到家后，我发现了一封信，上面写着"我回去了，汪"。

上纳安娜在那年年底辞去了社长职务，并于第二年从公司辞职，很快又重新创业了。那家公司也只用了7年时间就成长到了上市的程度。

至于我，现在在新公司做人事兼宣传工作。我一眼看中了现在这家公司社长的才能，所以就义无反顾地加入进来。当时，公司里仅有5名员工。

现在，这家公司已有员工300名。

"那么，请下一位作自我介绍。"

面试官说完，一个看起来颇像宅男的青年开始了自我介绍。

"我……要了解我的话，请看这个。"

青年从包里拿出了一个什么东西。那是一副眼镜。

青年解释："这副眼镜是为了'不善言辞'和'害羞内向的人'而设计的……"

"啊、啊？"

面试官露出诧异的表情。

"通过这个镜片的颜色，可以把自己的想法传达给对方……这是为了像我这样害羞内向的人而设计的。"

面试官追问："这种眼镜，有多少需求？市场规模有多大？"

"市……市场规模？"

"说起来，面试的时候，你为什么不穿西装呢？能告诉我它的优点和缺点吗？"

"嗯，那个……"

年轻的面试官用一副"这个人不行啊"的表情看向我。

我制止了面试官，对学生说："很有趣，能再给我详细讲讲吗？"

"欸……？"

"非常有趣，再给我讲讲吧。"

窗外樱花的颜色和那时一样吗？

"是、是！"

青年的脸上绽放出了笑容。

解　说

一、为什么选择了故事的形式

　　本书中出场的人物，全部扮演着不同的角色。你最接近于哪个人物，向往过哪个人物呢？

　　　　上纳安娜：天才，病态天才。

　　　　神笑秀一：秀才，精英超人。

　　　　上山：秀才，沉默杀手。

　　　　横田：凡人，最强执行者。

　　　　青野彻：凡人，共鸣之神。

　　　　肯：天才，理解一切的人。

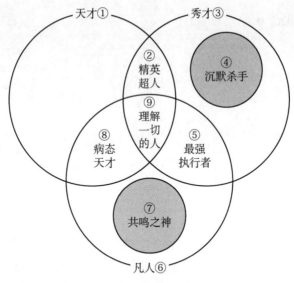

图 13　本书的出场人物

　　透露一个小秘密，这是我第二次以故事的形式写商务书籍。

　　这种以"故事形式"写的商务书籍通常都有风险。为什么这么说呢？因为有很多读者只是希望能尽快掌握"技巧"和知道"结论"。

　　尽管如此，这次我还是特意选择了"故事的形式"。之所以这么做，有两个理由。

　　第一，我不想把才能论当成普通的"占卜"。世上有很多"自我分析工具"和"有关才能的书籍"。但是，这些书籍大部分都是以爱因斯坦等科学家或迈克尔·乔丹等体育选手为例，或者只是以史蒂夫·乔布斯等这些"与商业、现实世界相距甚远的天才"为例。结果是虽然读起来很有意思，但是遗憾的是，无法让读者了解在"实际的商务场合"应该如何使用并且如何有效运用。

　　因此，虽然有些风险，还是强行把故事设定为实际的商务场合，目的是使读者能够通过本书直观地了解平时三种才能是如

天才	秀才	凡人
以"创造性"为价值的判断标准,但是,"对人的共鸣"和"说明能力"很差,经常被"多数表决的力量"所扼制	给组织和团队带来"再现性",是天才的搭档。但是,面对天才也有着"强烈的自卑感"……	能够理解人们的心情,对服务产品和公司"产生共鸣的能力"强。但是,也会成为扼制创新的存在
精英超人	**最强执行者**	**病态天才**
兼具"高度的创造性和逻辑性"的精英,在投资银行等供职。共鸣性接近于零	无论做什么都能顺利进行的、"极其精明"的人,可以把很多人拉进团队,是最"受欢迎"的存在	属于像本垒打击球手一样的创造者。能够体贴地理解凡人的感受,但没有"再现性",情绪起伏大
沉默杀手	**共鸣之神**	**理解一切的人**
秀才的亚种。以"逻辑和效率"为武器,暗中侵蚀组织。非常麻烦的存在	凡人类型的终极进化系。"因具有极高的共鸣性,所以能辨别出谁是天才"的稀有存在	创造性、再现性、共鸣性,三者兼具的存在

图 14

何被发挥出来的。这是第一个目的。

第二个目的是尽可能简单地告诉读者"才能"的本质。

本书将才能分为三大类,即创造性、再现性和共鸣性。但是,目前世上现有的大部分"自我分析工具"和"有关才能的书籍"中,其才能的种类有 30 种以上。这些虽然像"占卜"一样,是了解自己的好工具,但实际上,对于怎样才能"有效运用到工作中去",还是有着相当大的难度。例如,我使用了这样的自我分析工具的话,就一定会得出"感受性强""好奇心强"这样的结果。虽然这或许是事实,但另一方面,也会冒出"那么在实际的商务场合,具体要怎么运用呢?""才能的种类太多了,不太明白"这样的疑问。

组织要以某种理论为基础来进行改变，首先必须要有"共通语言"。举个通俗易懂的例子，比如人事评价，如果没有"他在等级 X 中的评价是 A＋"等这类共通易懂的语言的话，就会使讨论变得极其困难。我认为这时最重要的就是"简单"。

如果种类高达 20 种甚至 30 种的话，就很难轻松记住，不花费相当的成本就不能成为"共通语言"。何况，我自己也是实务家，所以深感其难度之大，换言之，如果理论不是"超级简单"的话，就会执行力低下。

第二，为了简单地讲解才能，我使用了"职业种类和阶段"这个概念。

如本文所述，所有的工作都牵涉到"制作、备齐、销售"这三个要素。我本打算基于这三个要素，结合才能，尽可能将创造性在"哪个阶段的哪项工作上容易派上用场"，再现性和共鸣性又分别在"哪个阶段的哪项工作上容易派上用场"，这几个问题简单易懂地整理出来。

最终我们可以做出以下推测：

创造性强的人适合开发新事业、开拓新的部门和公司的阶段。

再现性强的人适合管理部门，负责扩大组织规模、提高部门利润。

共鸣性强的人适合营业、市场营销、宣传、人事等向很多人推广产品的工作阶段。

这些推测源自工作就是"职业种类和阶段的相乘效果"这一想法。

二、工作就是"职业种类和阶段的相乘效果"

我因为职业的关系，会接到各种各样的人有关就业和跳槽方面的咨询。其中就有人提出"我对自己的创意很有自信，所以企划岗位比较适合我。我不擅长销售工作"，或者"我对自己的行动力很有自信，所以销售岗位比较适合我。我胜任不了管理类的工作"。

我想他们实际上只看到了事实的一部分。理由很简单，任何工作都存在着"制作、备齐、推广"三个阶段。换言之，工作就是"职业种类和阶段的相乘效果"。

举个例子，即使是销售岗位，大企业的销售岗位和风险企业的销售岗位所要求的完全不同。

一方面，前者的销售岗位正如字面意思那样，是"销售定型化产品"的工作，所以最需要的是"执行力"。另一方面，风险企业的销售岗位，要从"一边制作新产品，一边考虑怎么推销"的角度出发进行销售。也就是说，因为销售的是还没有深入到整个市场的产品，所以要求一边有效利用从客户那里得到的反馈，一边如字面意思那样"既要开发销售方法，也要制作产品"。

正如上面所说的那样，即使岗位相同，但是如果阶段不同的话，所需要的才能也会不同。

市场营销岗位亦是如此。在已经形成统一工作模式的公司里，需要的不是创造性，而是将之推广的能力，也就是操作能力。或者，虽说是会计，也不能说完全不需要创造力。

当然，根据职业种类的不同，实际上无论什么工作都需要"创造性""再现性"和"共鸣性"，只是对这三种能力的需求有高有低而已。而且，虽然"工作不开心"但是"连想干什么都不知道"的人，往往没有认识到这个因为阶段的不同而造成的差异。这种"阶段的差异"很容易被忽略。

三、每个人的心中都有一个"天才"

那么，为什么会产生这样的认知偏差呢？

我认为答案是"对才能的过度深信"和"扼杀创造性的人的存在"。

　　第一，我们平时在生活中会无意识地认为"有才能的人是离自己很遥远的特殊的存在"。

　　电视、杂志、媒体等经常将关注点聚焦在"取得成果后的天才"上。当然，他们的努力和苦恼也会被描绘出来，但那只是极少的一部分。

　　几乎所有的天才都是在成长过程中得到"共鸣之神"的支持，再加上后天得到"被反复锻造成型的武器"和"能发挥自己才能的场所"后才开始绽放光芒。但是，只有相当狂热的人，才能完全正确地理解那个过程。

　　结果就产生了这样一个认知，即只有极为有限的一部分"天才"才能拥有独创性的想法。

　　第二，我认为这个社会对于想要发挥创造性的人来说是很残酷的。

　　特别是在日本这个国家，做"新的事情"和做"与其他人不一样的事情"的人，不一定是受欢迎的。当然，也有人在发展到一定程度时就被认为是"出头鸟"而被欢迎，并且偶然在幼年时期就遇到了能够发现千里马的所谓的"共鸣之神"，这样的人另当别论。

　　只是他们真的很幸运。大部分人在想要做"新的事情"的时候，都会遭到周围人的攻击，因此意识到"做新的事情实在是得不偿失"，于是就这样掐断了创造性的萌芽。

　　这就是认知偏差形成的过程。而且，只要学校教育是以"再现性"和"共鸣性"为基础，就无法改善这一状况。

四、日本的现状

　　作为平时横向观察大企业和风险企业的人，我深切地感受到现在的日本的"阶段变了"。那也可以说是世代间的交接吧。

在高度经济成长期引领经济发展的"天才们"年纪大了，于是引退了，接力棒传到了"秀才们"的手里。现在的日本，从某种意义上来说，已进入了根据"秀才如何对待天才"来决定组织命运的时代。一方面，如果他们克服了对天才的自卑感，掌握了"科学的正确使用方法"的话，组织就会复活。另一方面，如果在"再现性"的影响下，走上明哲保身的道路，组织就无法创新，会被卷入腐败和不正当竞争的漩涡中。

从这个意义上来说，我认为现在的企业需要的是"能够把握科学的正确导向、具有高度教养的秀才"和"共鸣之神"，以及创造新事物的"天才"。

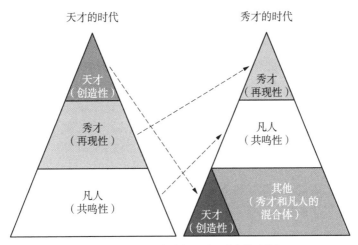

图 15　从"天才的时代"到"秀才的时代"

在这个故事中，在青野这个"共鸣之神"支持下的"天才"——上纳安娜活跃的时代已经结束，公司经营的接力棒传到了神笑秀一这个"秀才"的手里。也就是说，青野和上纳安娜的任务结束了，并再一次踏上"创造新事物的旅程"。我觉得这正是在日本大企业苦于创新的背景下，年轻人摆脱桎梏开始重新创

153

业的日本现状。

换言之，本书旨在将日本企业存在的问题浓缩并将其精华部分写成"90分钟就能读完的故事"。

五、出版界自身是不是也需要创新？

最后。本书的原型——专栏（"扼杀天才的凡人"）——在发布后瞬间扩散开来，引起了热烈的讨论。

其间，收到了很多名人赞赏的评论。例如，著名运动员为末大、原微软日本法人代表总经理成毛真、光辉国际的资深合作伙伴山口周、漫画《左撇子艾伦》的原作者 Kappy 等众多名人都发来了评论。

这些反响给了我很大的勇气。于是，"我想实践一下这个想法""把这个理论用于出版界的话会怎么样呢？"这些想法令我心中热血沸腾。

也就是说，如果这个理论正确的话，出版界本身也正是进入"天才传棒给秀才的时期"，换句话说就是"需要变革的时代"。

那么，能不能把这本书作为试验品，从而找到新的书籍创作方法呢？这是否能成为出版市场变革的导火索呢？想到这些，我马上穿着运动鞋从涩谷去了大手町，直接和这本书的出版社——日本经济新闻出版社的编辑进行了谈判。商谈的结果，在这本书里增加了"附录"部分。

通常，书籍往往是单方面地向读者传递信息。作者和读者之间存在着明确的单方向传递，作者发送信息，而读者只是被动地接受信息。书籍和电视等传统媒体，一直都是"单向媒体"。

但是，在当今时代，人们明显地追求"能够参与的、有空白的媒体"。关于这点只要看看脸书（Facebook）、推特（Twitter）、照片墙（Instagram）等就会明白。另外，用户参与型的网络媒体，虽然没有发展到脸书等媒体的那个程度，但是从其不断增长的势头也可以明确这点。

因此，作为新的书籍创作方法，在本书的卷末，基本上原封不动地登载了网上读者在阅读博客——"扼杀天才的凡人"后留下的评论和感想。也就是说，尝试着创作了读者"能够参与创作的书籍"。

我非常期待读者朋友通过将自己的感想与"他人的感想"对照的方式，再次享受到阅读本书的乐趣。

后　记

"你为什么写这本书？"

当被问到这个问题的时候，我是这样回答的。

"因为我对阻碍人的可能性的东西感到愤慨。"

我对有人挑战新事物时被打扰、拖后腿感到强烈的愤怒。

在这个世界上，仅仅因为国籍、职业、出身等"不是他自己能够选择的原因"而拖后腿的事情数不胜数。我从小看到这样的环境和场景，就感到很气愤。我认为在其背后有着对未来的执着，即对"想要相信别人和自己的可能性"的执着。

换言之，无论是这本书，还是下一本书，我撰写的一直都是——**献给所有在过程中正想要进行挑战的人的书**（上一部作品《跳槽的思考法》也是如此）。

当你最重要的朋友想要挑战新事物的时候，当你的家人朝着目标努力的时候，当你最喜欢的人即将踏出新的一步的时候，前方存在着很多未知的苦恼和障碍。但是，如果有能够一起声援这个挑战的书籍的话，那将是一件非常非常棒的事情吧。本书就是为了这一目的而诞生的。

如果你认为本书有趣的话，就请悄悄地介绍给你周围"想要挑战新事物的人"。仅仅这一举动就一定会使有些人因此而摆脱困境。

最后，在撰写本书的时候，我得到了很多人的帮助。首先，感谢继上一部作品之后一直对我给予了大力帮助的长谷川嵩明、寺口浩大、岩崎祥大、片见斗希生、津仓德真，也请诸位作为同年代的伙伴继续帮助和支持我。其次，对于从这次开始合作的代麻理子、邹潮生、押切加奈子、筱原舞也表示深深的感谢。大家积极向上的能量和智慧，让我受益匪浅。

另外，借此机会，我想再次对阅读博文后留下评论和感想的各位表示感谢。正是因为有了你们的帮助，本书才得以完成。工作非常熟练的樱井保幸编辑为年轻的我提供了这样一个非常好的机会，从很早以前就作为我的良师的为末大先生也经常给我提出一些中肯的意见，对此一并致以深深的谢意。

最后，我要感谢一直以来支持我的家人和平时支持我的所有人。正因为有了你们的无私帮助，才有了现在的我。

北野唯我

博客上的评论和感想

即使是在大学的"体育会"社团也有天才被泯灭的事情发生

偏属于凡人的精英超人

学生（22岁）

不仅是在职场，我还见过在最近风头正劲的"体育会"社团活动中被泯灭的天才。我参加了某大学的武道系体育会。因为是武道的社团活动，所以这个社团历史悠久，有很多校友。这个社团里的天才是某位校友。这位校友（我在这里称他为 A 前辈）是一个自己创立了公司并取得了卓越成就的开创者。

A 前辈从某一时期开始对武道训练内容和校友会的组织、财政等提出建议。他的提案具有划时代的意义，将最新的体育科学理论应用于保守落后的武道界，以大企业和备受关注的风险企业的组织运营为模型，旨在改革效率低下的校友会运营机制。学生们也认为这次改革会让一直弱小的社团活动充满活力，因此非常期待。

但是，不喜欢 A 前辈的校友们却暗中策划把 A 前辈的改革方案给否决了。我现在觉得，那些校友们不正是长年在大企业工作的、以"共鸣性"为判断标准的"凡人"吗？我想我们学生看到这种情况，也会有人得出这样的结论，即要想在社会上安稳地生活，就必须装作"凡人"的样子。读了"扼杀天才的凡人"这一专栏后，我马上想起了上述例子。

时间的限制阻碍了创新

高堂周平

销售（33岁）

读了"扼杀天才的凡人"这一专栏后，我感到非常气愤。因为很容易就能想象到凡人在无意识的情况下扼杀天才，对无法理解的东西抱有恐惧的心理。另一方面也有对天才的憧憬。我想他们一定是在内心想做一个秀才的。这个专栏在各方面都令人感到震撼。

我觉得阻碍我公司创新的最大障碍是"时间"。

我工作的公司也和其他公司一样，呼吁进行公司内部改革，极力倡导开发新产品，但是却没有员工提出需前后历时数年时间的项目方案，始终局限于眼前的定额和可以应对的同时进行的项目。我认为，既然创造出来的东西不是一夜之间就能改变世界，那么时间的限制才是妨碍创新的罪魁祸首。

我也有我能做的事

Daimari

董事秘书（32岁）

我成不了天才，也许也成不了秀才。只是，站在共鸣者的立场上，也不会做出扼杀天才的事情。这篇博文，让既不是天才也不是秀才，更不是超人和执行者的我有了上面的想法。一起欣赏天才提出的创意，赞叹"这个地方写得太棒了"，通过这样的共鸣，最大限度地持续有效发挥天才的才能。世上的天才，正是因为有以共鸣者为首的执行者等人的存在，才能作为天才而继续存在。这是我通过这篇博文获得的感悟。同时我明确地意识到，我虽然不是天才，但是我也有我能做的事。

每个人都有适合自己的大显身手的方法

村田优介

学生（22岁）

○ 我觉得最强执行者就是"畳人"①！怎样才能填补最强执行者和秀才之间的差距呢？这是参加了畳人沙龙的我努力的目标之一！

○ 理想的世界

大家都承认自己，并将其还原到社会。我原本认为"凡人等于负面，天才、秀才等于正面"。但是，读了这篇博文后，我明白了每个人都有适合自己的大显身手的方法。

○ 成为"共鸣之神"有两点非常重要。一是用自己的眼睛去确认，二是用纯粹的心去面对对方。

我觉得拥有强大共鸣力量的凡人擅长倾听意见。不要过度被别人的意见所左右，面对他人，也要相信自己。在信息爆炸的时代，这可能很难做到，但是很重要！

---

① 畳人：能切实执行经营者和上司离奇的商业想法并使之成形的人，例如社长的左膀右臂、团队的领头人等。

我想成为最强执行者

Yu-ta

刚参加工作的新人（24岁）

读了这篇博文，我思考"我目前处于（或想成为）哪个职位？"最后得出了一个结论，那就是介于"秀才"和"凡人"之间的"最强执行者"！

我希望自己一直做个不会太过固执且不会忘记与他人产生共鸣的人！

今后日本将发生变化

HOPE

财团法人职员（47岁）

无论是谁，在日复一日的工作中都应该有过感到不甘心的时候。我就曾经有过。

而且，实际上大部分的理由都是"人际关系的冲突""人无法充分理解和尊重他人的才能"。

《扼杀天才的凡人》这本书是为了解决这些烦恼而诞生的。

作者对困境的无止境的共鸣、问题意识的共享、想要将之维系在一起的尝试，都意味着今后日本将发生变化！

我获得了勇气

Junjun@

自由职业型正式职员 SCM（供应链管理）职位（43 岁）

在网上发现这篇专栏的时候，我在那之前实际已跳槽 4 次。

在那之前明明是作为天才的顶尖战略，使业绩取得了明显的增长。

当时我一直在烦恼，为什么即使约定结果并在有限的条件下努力做出了成果，其他人别说评价了，就连我的实力都不认可呢。

此时脑中浮现的检索关键词只有"工作、实力、不知道、普通工薪族"。

说起来，正因为我知道他人的厉害之处，所以为了在人数众多且劳动非常密集的仓库里做出成果，我认为把握每个成员的实力和与之相伴随的组织化才是重中之重，于是我抛开立场（职员、打工者、入社工龄等），首先尊重所有的成员，冷静地看待他们的优缺点。

我一直认为只要做出成果，一般来说大家就会马上认可我的实力。而且，仓库这个工作场所原本是不怎么受世人欢迎的，我想把它改变成既能让人成长，又能让客户喜欢的绝佳的工作场所，并以此为天职而努力工作。（事实上，即使在人手不足的情况下也能做出成果，因为这个工作场所变得非常受人欢迎，所以在招揽人的时候也很容易。）

但是这个想法总是被特定的阶层，即"最早加入那个工作单位的王牌"，也就是秀才所阻挠。

回顾过去，在做出成果的时候，总会有人站在支持我的立场上。那就是能够理解我的奇异才能的上司——根回大叔。

今天，虽然没想到我又被逼着想跳槽了，但是再次读了这篇专栏后，我从中获得了勇气。

给凡人的领域再多一点光（作用）

Yoshino Aya

（31 岁）

博主对创新的方法考察得很敏锐，让人忍不住拍大腿赞同。虽然有点杂乱无章，但请允许我写一下专栏的读后感。请多关照。

偶发性创新的激发，恐怕与"使之自由自在发生变化的催化剂"的存在有着很大关系。能够理解天才、秀才、凡人各自特征的精髓，通过将分子运用到其他领域进行搅拌，从而能够使之产生化学反应的人才（与处于中心位置理解一切的人不同，给人一种稍微不稳定的印象，从某种意义上来说，这种人可能会被归类为天才）。而且，还能够理解多样性，具有高度的共鸣性，既理解天才又能对秀才抱有好感，我认为正是这样的"凡人"才隐藏着这种可能性。

我沉思自己被置于何种位置呢。虽然不是天才，但也不想当凡人。但是即使自称是秀才，也不知道会不会给社会带来好的影响。不过，"凡人"这个词所具有的自尊心破坏力却是惊人的。凡人该怎么做？没有办法从这种处境中脱离出来吗？我觉得这不是本质上的问题。正因如此，我觉得还是给普通人的领域多一点光（作用）的好。因为凡人的人数压倒性的多，所以无论是效果小还是作用多样性，都可以。这样就会得到更多凡人的共鸣，最终帮助天才的循环也会更为快速。

关于续篇（虽然不知道会不会被刊登在书籍里）中所写的

"'天才的时代'和'秀才的时代'交替到来"这一问题，我感觉世界上现在美国正处于"天才的时代"，日本正处于"秀才的时代"。而美国也以史蒂夫·乔布斯的死为开端，正在快速进入"秀才的时代"，另一方面中国天才也终于绽放出了光彩。这让我突然意识到，只是模仿处于不同时期的其他国家的做法的国家，是无法生存下去的。虽然日本顶尖的"秀才"们已认识到这个事实，并给由"秀才"引领的国家补充能量使之存续下去，但我觉得还是有必要充分培育由下一代"天才"引领的国家的萌芽。

凡人也被扼杀了

Sakuma

在食品制造厂工作（30岁）

我最先想到的是，虽然题目是"扼杀天才的凡人"，但是在成为天才之前的凡人也被扼杀了啊。

因职场人际关系而产生的烦恼

这样想是因为想到了自己现在的职场环境。我在一家大型食品制造厂上班，所在部门的任务是考虑如何将制作的食品卖给顾客。进公司前我曾想"能在这里工作真是太开心了！"但进入公司后，我发现这是一个颇为超出了想象范围的需要一定生存技巧的部门。有判断力的人都是喜怒无常的人，非常不好相处。（当然也有人不是这样的）即使是非常优秀的人，也因为得了精神疾病而被迫辞职，说实话真的令我很震惊。我所在的团队气氛也不好。话虽如此，出于圆满完成工作的自豪感，我觉得在这种同事关系恶劣的情况下还能做出成绩的团队工作，也是很宝贵的体验。

虽然跳进了这种生存的圈子，但是经过相当多的失败和不断摸索，总算是在公司生存了下来。

关于组织发挥才能的方法

我认为努力理解别人很重要。

我觉得人总是在无意识中把人进行分类，因此导致了很多情况下无法纯粹地看待他人。受此影响，即使想纯粹地看待他人也做不到。

之所以这样，是因为那么做非常简单易懂。人们喜欢易懂的东西，对不懂的东西会感到恐惧。与学习这类具有逻辑性的东西不同，"人"这种莫名其妙的生物，理解起来大多是很吃力的，所以会尽量避免。"因为那个人就是那样的"，于是就不再思考。因为每个人能理解的范围都不同，所以我认为将理解别人这一想法付诸行动是没有利弊之分的，重要的是首先由自己去直接接触对方然后再做出判断。

说起理解，可能会觉得很沉重，但我觉得只要对眼前的人抱有兴趣和尊敬，这条路就能越走越宽。

能够做到这一点的就是那些成为根回大叔和共鸣之神的人，如果这样的人增加了的话，世界就会变得更温柔。

某个天才和共鸣女神的故事

刺猬和我

市场营销策划（29岁）

【投稿人】我

男，29岁，人才系Ａ公司的天才、市场营销策划经理

特点：虽不稳重但却细腻、创新者、喜欢人、喜欢思考、在上司看来不可爱。

这是将我自己的故事，边回忆当时的情景边接受客观意见而写成的文章。

一个被扼杀的天才获救的故事（从天才的角度）

我想从事应届毕业生录用的支援事业，所以入职了现在的 A 公司。

我在 A 公司的工作是以法人为对象进行销售活动，凭借天生的参与能力和解决方案能力，销售取得了显著的成果。

因为 A 公司是风险企业，所以在社会上晋升速度很快。我也没有例外，就那样出人头地了。我深受部下的信赖，离职者和未完成年度指标者也都对我没有异议。我责任范围内的团队业绩也全部持续达成。

乍一看感觉一帆风顺。

但是，整个事业的情况并不好。代理店销售成为主体和被迫从事高强度的工作等原因，导致整个事业部离职者络绎不绝。于是我提出了多个事业部内部的新事业提案。如"新联盟的开拓""现有联盟的强化""新服务的开发""针对教育体制的提案"等。

但是，这些提案一个都没有被接受，甚至还遭到了否定。理由是上司的评价不高。他们对我的态度似乎被认为是冷酷无情。

当时的我并没有"把对我的评价和对提案内容的评价混在一起了"的想法。

"成果应该是无可挑剔的。提案的内容也事先与顾客沟通过，在一定程度上得到了'不错'的评价，最重要的是这是为了达成事业的提案。为什么会有如此否定的反馈呢？"

之后事业也停滞不前。我害怕被否定，就不再提建议了。

我不知道原因出在哪里，只是一味地悲伤。不仅如此，还有人想出人头地而背叛了我。这些事情叠加在一起，让我陷入了无法再信任别人的泥潭。

尽管如此，我还是想从泥潭里爬出去。产生这一想法的契机是，包括现在应该称为共鸣女神的人在内的外部理解者起了很大的作用。"没有利害关系的对方"，即那些纯粹支持我的人们，给了我很大的帮助。

于是，虽然销售业绩很好，也深受部下信赖，但我还是下决心离开当时已工作了 5 年以上的事业。当时上司和部长等人，没有一个人出面挽留我。

"到底什么是评价？"

怀着那种悲伤和对新领域的希望，我选择了工作调动，进入现在这个事业部，作为一个新手开始从事市场营销策划工作。

正当我被一直禁锢在苦恼中无法自拔的时候，我遇到了"扼杀天才的凡人"专栏，它把我从困境中解放出来，让我情绪高扬。

我也有应该反省的地方。但是，当我知道自己一直被否定是有理由的时候，我就得救了。

工作调动的契机是来自共鸣女神的指导。她建议我换个环境，也许这样就会有人接受我的提案和想法。最重要的是，她一直称赞我的创造力和才能。

虽然离成功还很遥远，但我想借助共鸣女神以及还未曾谋面的"根回大叔"的力量，努力追求自己和社会的幸福。

【投稿人】共鸣女神

女，37 岁，A 公司的合作伙伴，公司董事（中小企业）

特点：爱管闲事、大姐大气质、开朗、能从经营者的角度提出建议。正在学习经营。

拯救一个天才的故事（从共鸣之神的角度）

刚认识的时候，他就像一只受伤的刺猬。

他虽然看起来开朗、活泼地享受着工作的乐趣，但是没多久我就知道了他的那些伤都是来自工作。

我打听之后发现，他在下级伙伴中的声望很高，但是上司对他的评价不好，对他冷酷无情。

他看起来总是竖着尖锐的刺，浑身是血。

他强烈希望公司和部门能够取得更好的发展，并将这一愿望付诸了行动。而且，他的优点很多，数不胜数。如瞬间闪现灵感的能力、创造性、设计思考性、有行动力和决断力并富有挑战精神、吸收力等，此外还能够为对方着想，在考虑对方心情的基础上开展自己的工作。

越是说，我越是被他的"可爱天才"这一人性所吸引。

同时，"我想帮助他""他应该得到更多的认可""我希望他能大显身手！"这样的想法充斥了我的大脑，我激动得犹如发现了一块未经雕琢的璞玉。

只是，我与他不是同一个公司，能支持的事情有限。

我第一阶段做的事，是在赞美的时候彻底地赞美（为受伤的皮肤涂药），经常与他正面相对（使他收起浑身威吓人的尖刺）。这些都不是事先计划好的，而是自然而然地就让我那么做了，我认为这是"可爱天才"的才能之一。

在第二阶段，对他的苦恼进行彻底反馈，帮助他修改企划案，使优秀的企划案更加可视化。

我的努力奏效了，刺猬（我称他为刺猬）前往了日本的商务中心东京。

现在正处于第三阶段的关键时刻。在这一阶段，我把重点放在"今后想变成什么样、行动的目标是什么"上，为他介绍书籍，摸索能够更加让才能绽放的方法。

不久前，在读北野先生的"扼杀天才的凡人"专栏之前，我不明白自己为什么会对他共鸣到这种程度，甚至挤出私人时间来支持他。我自己得出的结论是，原本就不需要任何回报。但是，"共鸣之神"所做的这些有一个巨大的回报，那就是通过支持天才，让自己看到同样的梦想！

虽然我是共鸣之神，但对于同为凡人的我来说，这却是耗尽一生都得不到的褒奖。

刺猬的旅程还在继续。我发誓今后也会作为这个"可爱天才"的共鸣女神（因为我是女的，所以是共鸣女神。笑）继续支持他走下去。

祝世上的天才幸福！

能适用于所有领域的想法

座敷童子

系统工程师（26岁）

这是一篇充满了北野先生的温柔和热情的文章。

我认为这篇文章的根本想法是：当下存在这样一种现象，那就是有潜力的人没有最大限度地发挥自己的潜力，改变这种现状，使其能够发挥自己最大的潜力，是一件具有社会价值的事情。

我觉得这种想法适用于所有领域。"天才"虽然给人的印象是与自己相距甚远的存在，但是在自己身边也许就有因为是少数派而无法发挥本来力量的人。

北野先生的文章让我坚信每个人都有能够发挥自己价值的可能性，即通过自己的努力使某个人正常发挥自己的潜力。

有发展障碍的大多数是凡人

夕暮

初次见面。我是在 Hatena Blog（日本著名的博客社区网站）经营杂记博客的人。

我长大后被诊断为自闭症谱系障碍，即所谓的发展障碍之一。

我曾写过有关自闭症谱系障碍和所有发展障碍方面的文章，其中，下文提到了专栏"扼杀天才的凡人"。

那个时候，就似乎是突然得到了答案。

我大致写一下感想的内容：

人们在介绍发展障碍的正面因素时，马上就把被称为天才的伟人拿出来做例子，这一点常常让人产生违和感。

从这一点可以得出以下结论，即无论是发展障碍者还是健康的正常人，都会在凡人的"共鸣性"这一判断标准上发生碰撞，所以才会产生纠纷。

我在文章中写道：

"发展障碍者无论好坏都是特殊的存在——这种印象一定是错误的，发展障碍者的大多数都是凡人。"

"被诊断为发展障碍的人只要一直活在凡人的判断标准——'容易产生共鸣'（健康的正常人）vs'难以产生共鸣'（发展障碍者）——中，就容易发生纠纷，双方都会很痛苦吧。虽然天才不是想当就能当的，但是想成为秀才还是有可能的吧。所以如果你因为有发展障碍而痛苦的话，那就把'判断标准'改成秀才的'判断标准'。"

我第一次清楚地知道了自己该如何生活。

我不认为自己的文章会被刊登在书籍上，之所以写下这些，是因为我想在让您看到这篇评论的同时，借此机会向您表达谢意。

尽管只是隔着屏幕向您单方面地表示感谢，但是我还是要说："非常感谢您撰写了'扼杀天才的凡人'，谢谢！"

希望你能注意到"空白"

K. A.

学生（23 岁）

在理解他人方面，人类有着"空白"。

"空白"是由自己的知识和经验所构成的世界的延伸。

希望每个人都能理解那个"空白"的存在。"天才"和"凡人"初次相遇时，拥有不同世界观的人，可能会觉得对方是个另类。但是，同为人类就必然会存在"空白"。

我觉得注意到这个"空白"的人也许就是"共鸣之神"。

人虽然生来相同，但本质上却是不同的。而且，不同才是理所当然的，不同才是精彩的！

我希望这个世界能有更多这种感觉的土壤。

评价天才的困难程度

Kazu Kudo

电子零件制造业　海外工厂　技术部长（40 岁）

● 读完专栏的感想

我们公司的口号是"成为创新者！"但是公司内部的体系却

导致天才没有上升的空间。

在今后竞争更加激烈的情况下，我想将公司改造成能够让拥有创造性想法的工程师生气勃勃地大显身手的地方。正在这时，我看到了这个专栏。

非常重要且易懂的地方是，没有衡量天才的 KPI。

确实我们公司一般采用的也是 BSC（平衡计分卡）、KPI 等管理方法，但是我发现天才的创意是不能从这个角度来进行评价的。

看到这个专栏后，我立刻和公司里我认为是天才的人分享了一下，一位事业部长级别的同事告诉我，公司里也有一定数量的天才，他要么是把他们安排在能够理解他们的经理手下工作，要么是让他们成为自己的直接下属。

我不知道是不是因为事业部长级别的那个人是天才，所以才能做到这一点的，至少他手下的天才被他拯救了。

● 因职场的人际关系而产生的烦恼

我的同事中有人因无法舍弃自己的方法，而无法完成规定的业务。他似乎是想制作自己的复制品，也似乎不能接受其他意见和方法。他能够做好需要一个人独立完成的工作，也就是说能够把工作处理得很好，但他究竟是秀才，还是凡人？这点很难推断。

也许他属于三种分类之外的人。

● 你至今为止所看到的、被扼杀了的天才的故事

在我们公司，要想成为管理人员，就要参加管理评审。

因为在这里追求的是平均分，所以很多天才都无法顺应这个管理体系，我觉得从某种意义上来说他们是被扼杀了。

听说前几天也有一位与我同期进入公司的、已取得博士学位

的朋友参加了这个管理评审，好像是没有合格。

我还听说这个天才朋友听了消息后觉得难以置信，对这个管理评审非常气愤，跟评审员吵了起来。

我觉得他完全被组织扼杀了。

● 相反，被拯救了的天才的故事

我认为上面提到的那个跟我同期进入公司的、已取得博士学位的朋友，是一个过去曾被拯救了的天才。

他是在进公司后，靠公司资助取得的博士学位。刚进入公司时，他虽然不能很好地与人交流，但数学和理论方面却非常突出。进入公司后，他不仅重新学习了电磁学，甚至连量子力学都重新学习了，结果成了"神"一般的存在。就是这样的他，被上司发现了，被派去研究生院学习，攻读博士学位。我认为发现他的上司大概也是个天才吧。

● 关于组织发挥才能的方法

我认为最重要的是上司要了解天才的特点。

天才的特点中比较容易理解的是，没有能够评价天才的KPI，秀才和凡人无法评价他的潜能。此外，天才的另一个共同点是，他们对自己的领域有着非常纯粹的视角。

我认为如果找不到能够适用于评价天才的 KPI，那么就将重点放在衡量其领域的纯粹度上，并将其适当扩展，这才是真正的可行性方法。

● 你所在的公司里"阻碍创新的最大障碍"是什么

我认为是只有平均数以上的人才能晋升的人事管理体系。

技术超群的人就算不身居高位也没关系，公司需要的是对他们的努力给予回报的管理体系。

首先应该有个认知，那就是天才不适合做管理者。

我把这称为 SM 理论，M 有等级，等级越高，居于其下就都是 S，S 中没有等级，S 不会成为 M。与此相同，天才始终是天才，我们无法想象天才去管理组织，所以天才是不适合做管理者的。因此，我觉得即使不让天才做管理者，也需要建立对他们的努力给予回报的合理的薪酬体系。

如果每个组织围绕各种主线进行调查会怎么样呢

津仓德真

市场销售（27 岁）

拿出每个组织各个岗位的人数比，以同业界、工作种类、规模等为主线，调查哪个比率的组织和项目进展顺利、员工的幸福度，好像很有趣！

我想作为一个不同的角色与伙伴互相支持

I. A.

学生（21 岁）

读完专栏我落泪了。

因为不被人理解而多次差点被扼杀，好几次都绝望了，尽管如此我还是无法讨厌别人，这样挣扎着的时候，好几次都被共鸣之神（朋友）、精英超人（大多是学校的老师）、病态天才（许多朋友）……救了。（暂且不论我是不是天才）作为这样一个多次躲过不幸死亡的天才，不，说错了，是非常罕见的后进生，一直以来的经历让我感同身受。

这里所说的"天才"和"共鸣之神"……根据时间和场合的不同会有各种各样的情况，一个人既有当秀才的时候，也有当凡人的时候。重要的是，不管对方是哪个角色，我们都能作为不同的角色尽自己所能，互相支持，以此来创造出一个互相都很容易生存的社会。

平底锅、砂锅和打蛋器所能做的事情是不同的。如果是吃螃蟹火锅的话，那么砂锅就成了相当于天才的存在。这就像是生物进化论所讲的，角色是可以根据当时的情况而变化的，世界上没有纯粹的凡人，每个人的角色都会发生变化。

因此，需要指出的是，与我们大家都成为千里马相比，我们都是伯乐更为重要。简单地说，就是要如实承认别人。

当然即使是天才，也不可能创造出所有的东西。正是因为大家没有看清——无论是凡人、天才还是秀才，所有人都共同参与社会运营（承认全员参与）的重要性，才会出现无法创新的局面，而这正是对这一现状的启示，即首先要呼吁大家不要以"不理解"为理由排斥绝对少数的天才。

两条线的相交很重要

押切加奈子

咖啡书店店长（32岁）

天才和凡人的人数差距有着天壤之别。

尽可能地给天才自由发挥的空间并最大限度地从中拾取天才创新的火花，有能做到这些的凡人吗？相反，有能够高明地驱使凡人做事的天才吗？

我觉得这两条线的相交非常重要。

而与两者都有交集的秀才也许是最善于调解和斡旋双方关系的人。（本人认为，调解和斡旋的过程中会遇到很多困难。）

我认为组织发挥员工才能的前提是，有想要了解对方的良好开端和全体人员都能够做到承认他人的优点。

企业想要聘用"最强执行者"

Suzuaya

机械设计工程师（32 岁）

我兴致勃勃地拜读了北野先生的大作。

自参加工作以来，虽然没有见过属于"天才"的人，但是作为在由"秀才"和"凡人"构成的组织中工作的一员，我对能够如鱼得水地斡旋在秀才和凡人之间的、被称为公司王牌的"最强执行者"的存在深有同感。经常被告诫"高学历≠高工作能力"，这点我自己在工作中也有同样的感悟，那就是即使是高学历人才（秀才），如果在踏入凡人领域时不具备共鸣性，就不能被占大多数的凡人所认可。

另外，在招聘活动中，我觉得越是大企业，就越是想聘用高学历人才（秀才），而且他们在要求的技能中列出"沟通能力（共鸣性）"，也是想以此来提高"最强执行者"的聘用概率。其结果导致，只有在秀才和凡人领域里的人，才能成为被评价的对象，而原本的天才却被排除在外。即使天才偶然进了公司，也会受到由众多秀才制定的公司内部制度（逻辑）的限制，无法自由发挥能力。这样，组织就会失去创造性，只能维持现有事业，最终走向衰退。我觉得这样的趋势是伴随着组织的发展壮大而发生的。

"秀才的过错"最难处理

自由职业者（31 岁）

关于让天才得以生存的方法，我想说的有两点：一是天才之间的交流；二是将凡人安排在适当的位置上。

我觉得北野先生的文章很棒。但是，我觉得这篇文章以"大家一起改变意识吧"来结尾，太可惜了，所以我发表了此评论。

下面按照"前提→问题定义→方法→结论→结语"的顺序展开。

【前提】

发表感想的前提是我是个凡人。

我自认为共鸣力相当高，也能分辨出天才。大概分属于"共鸣之神"吧。

【问题定义】

首先我想再次确认北野先生写这篇文章的目的。

从文章中可读取的关键词如下：

● 这篇文章的结论是"即便如此，我还是认为需要天才"。理由有两个，那就是"因人口增加所提出的需求"和"为了调整经济体系的失败"。

　→创新的必要性，即天才的必要性

● 我强烈地希望能够帮助少数派。在这个世界上，特别是这个国家，被称之为天才的"和其他人稍有不同的孩子"绝对难以生存。如果我能正确理解他们的才能，并在后面推他们一把的话，那么我将不惜一切余力去做。因为我自己也是"日本社会的不适合者"。

　→支持第一个建议的北野先生的故事

● 向朝阳产业介绍优秀人才。

→引发创新的具体方法

综上所述，我（对北野先生的文章）的理解是"将天才安置在适当的位置，容易引发创新"。

如果这个理解是错误的，就请各位忽略以下内容。

以下是解决这一问题的方案。

【方法】

要改善天才被扼杀的社会背景，就必须认识到天才、秀才和凡人这三种人，每一种人都有过错。

① 天才的过错：没有将秀才和凡人彻底拉入团队的执行力、自己选择了物理上或精神上的死亡。

② 秀才的过错：心里虽然想着"这家伙太厉害了，打不过他，为了社会的发展应该让他活下去"，但却为了自己的利益而去攻击天才（能动性、消极性两者都有）。

③ 凡人的过错：认为如果增加共鸣之神，天才存活的概率就能增长，但在无法分辨天才的情况下，所有的凡人都没有过错。也就是说凡人的过错是整个社会的过错。

在①②③中，我认为最难改变的是②。为什么这么说呢？因为②中秀才的过错是"有自觉的行动"，并且"在社会上已经有了一定的力量"。

秀才们因为为自己利益着想的能力和执行力高，所以不会轻易改变自己的行动，这也是很难改善不利于天才生存的社会背景的原因。关于①和③，我认为大多是在不自觉的情况下导致的。

我想首先在目前这个时候很难自然地改变社会结构。因此，我认为意图改变社会结构的"某个人"，有目的地给①和③带来变化，以此来实现理想的社会是具有现实意义的。

关于①

天才是孤独的。在至今为止短暂的人生经验中，我所感觉到的天才们总是不被人们理解，很孤独。就算作为凡人的我想要表示理解，也无法消除他们本质上的孤独。因为作为凡人的我无法从本质上理解天才。

反过来说，如果能够理解本质上的孤独的人们聚集在一起的话，情况就会有很大的改善。也就是说，如果创造一个天才之间交流的平台，就能减轻本质上的孤独。

关于③

这是关于增加共鸣之神的方法。

我在第一家大型证券公司工作时遇到的共鸣之神，我认为他们的相同素养是除了具有高度的共鸣性之外，还有"断念的能力"。

断了在自己所属的组织中取胜的念头，将机会给予天才。能做到这一步的人就是共鸣之神。但是作为一个人要想做到断了取胜的念头，就有必要认清自己的身份。我觉得如果没有完成某项工作的经历就无法认清自己的身份。也就是说，凡人被安排在一个适合发挥自己才能的地方，在那里干完某项工作后，才能有自信，才会发自内心地想"输给这个天才也没关系"。

为此，我认为有必要将凡人安排在一个适当的位置上。

【结论】

● 天才之间的交流

● 将凡人安排在适当的位置上

【结语】

以上就是我思考的让天才得以生存的方法。

如果能供大家参考，我将感到非常荣幸。

也许我也扼杀过天才

邹潮生

TIXA ITEX 株式会社 CEO（31 岁）

也许我也一直参与了扼杀天才的事情。

读了这篇文章后，我觉得"不能扼杀天才。为了让组织保持创新，我想做个'共鸣之神'。也就是说，对待那些看似古怪、不能正经工作的人，不是去谴责他们，而是支持他们"。

但是，现实中天才的身上没有贴着"天才"这个标签。

"不，这家伙不是天才，只是个奇怪的家伙，"下此判断后，不仅没有保护他们，让他们免受其他秀才和凡人的攻击，甚至有时候自己也会攻击他们。

突然意识到"哎呀，我现在也许参与了扼杀天才"，不禁浑身一冷。

从原来的公司独立出来开设的公司，现在规模还不大，所以目前还没有遇到同样的烦恼，但是在以后的工作中，我会时刻谨记"凡人有时会扼杀天才"，提醒自己不犯错。

这篇文章让我茅塞顿开

岩崎祥大

律师（30 岁）

● 比起相对的"评价"的不同，绝对的"判断标准"的不同更会导致严重的交流断绝（双方处于两条平行线上，没有交集），我非常赞同这个观点。很多交流的断绝，如果不了解这个观点，就有可能永远得不得解决，双方会一直处于两条平行线上，所以我觉得这篇文章的重要价值就在于为读者提供了这个观点。

● 阻碍大企业创新的原因是"用一个 KPI 衡量三个不同的判断标准"，我觉得确实如此。

● 要想达到——不是在天才·秀才·凡人三者之间区分出优劣，而是要有效利用天才——的目的，就需要作为凡人的"共鸣之神"的帮助，而且不管是天才，还是秀才、凡人，每个人都要发挥各自的作用，这样才能和谐共存。这个结论让人觉得非常暖心，这是一篇非常精彩的文章。

● 大概是因为篇幅的原因，文章里没有详细提及有效利用天才的具体方法、分析自己是哪种类型的方法、向自己想成为的类型努力的方法等，我想通过北野先生的著作来学习有关这些方面的知识。

我正在做与根回大叔一样的事情

Manno-ma

公司职员（53 岁）

我对凡人扼杀天才的理论很有同感。我进公司 30 年了，曾在开发部门工作。有个性的人、顶尖的人、有想法的人，因为和上司的关系不好和项目开发中止等原因而跳槽，真的让人很痛心。

我从 3 年前开始调到了改革公司企业文化的部门，做着与根回大叔一样的事情。

发掘公司内有趣的、有激情的人，让他们与公司里能够理解他们的干部对话，这是我在本职工作之外所做的事情。

在人的成长阶段，有些事情如果没有经历过就无法理解、无法创造。能够注意到这一点的人，就会成为根回大叔，而注意不到的人，就会成为扼杀天才的凶手吧。这是我从自己的人生经历中感悟到的。

期待着北野先生著作的出版。

衷心希望日本成为一个能诞生很多创新的社会。

作者博客：凡人有时会扼杀天才的理由

——如何保护天才不受社会的伤害？

"为什么人类的创造性会被剥夺呢？"

世上有一种被称为天才的人。

不论结果是好是坏，天才大多会推动世界向前发展。但是，他们在进行变革的过程中，大多会被人扼杀。这种"扼杀"即包括物理意义上的，也包括精神意义上的。

我一直想弄清这个问题，现在终于明白了。

天才有时会被凡人扼杀。其中99.9%的理由是"因为交流断绝"，这与"大企业无法创新的理由"相同。

这是什么意思呢？

■ "天才、秀才和凡人"的关系（如图16所示）

首先，整理一下天才、秀才和普通人（这里定义为凡人）的关系。

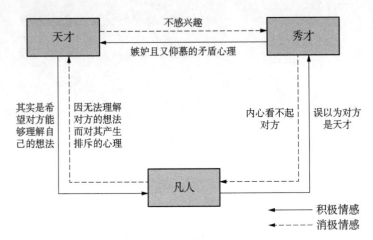

图 16　天才、秀才和凡人的关系

　　首先，天才对秀才"不感兴趣"。但是，**对于凡人，却出乎意料地"希望对方能够理解自己的想法"**。

　　因为，天才的作用是推动世界向前发展，而这离不开凡人的协助。再加上"商业成功"的大部分都是由大多数的凡人掌握的。更进一步说，天才因为从小时候开始就经常被凡人欺负，所以"想要被理解"的想法在他们的心里早已根深蒂固。

　　但是，相反，**凡人对天才的态度却很冷酷**。

　　凡人因为无法识别做出成果前的天才，所以有"尽量排斥"的倾向。这种"天才和凡人"之间的交流断绝正是扼杀天才的主要原因。

■　交流断绝的起因在于"判断标准和评价"的不同

　　说起来，"判断标准和评价"这两个因素会导致交流断绝现象的发生。

● 判断标准：人判断"价值"的前提是绝对的。

● 评价：根据判断标准来评价"Good"和"Bad"是相对的。

举个例子，假设你喜欢足球，而你的朋友不喜欢足球。两个人吵架了。**此时的交流断绝的起因就是"评价"**。具体来说，是由对对方的想法"能否产生共鸣"来决定的。对于"喜欢鹿岛安东拉兹"这个评价，能产生共鸣的就是 Good，不能产生共鸣的就是 Bad。

但是，这个"评价"有时会发生变化。例如，你和朋友彻夜交谈，你用幻灯片来说明"鹿岛安东拉兹"的魅力。朋友听了之后极为认同你的观点。这时，Good 和 Bad 的"评价"就变了。

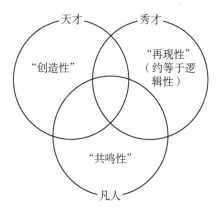

图 17 天才、秀才和凡人"判断标准"的不同

如上所述，"Good 或者 Bad 这一评价"是相对的，而"由是否能产生共鸣来决定"则是绝对的。"评价"有时会因双方之间的交流而改变，但"判断标准"却不会改变。因此，由于"判断标准不同"而导致的交流断绝，将使双方"一直处于两条平行线，无法产生交集"。而且天才、秀才和凡人的这个"判断标准"是根本不同的。

天才以"创造性"为标准，对事物进行评价，而秀才和凡人则分别以"再现性（约等于逻辑性）"和"共鸣性"为标准来进

185

行评价。更具体地说，**天才根据"从推动世界进步这一意义上来说，是不是创造性的"来进行评价**，而凡人则根据"能否对那个人和那个人的想法产生共鸣"来进行评价。

因此，天才和凡人的"判断标准"是根本不同的。

本来这个"判断标准"是没有优劣之分的。但是，问题的关键在于这两种人的"人数差距"。从人数上来看，凡人的数量远远大于天才，两者之间有着将近数百万倍的差距。因此，**凡人如果想扼杀天才的话，那将是一件极其简单的事情**。

历史人物中最容易理解的例子大概就是基督教的创始人——耶稣吧。

■ 大企业之所以无法创新，是因为用一个 KPI 衡量三个不同的"判断标准"

而且，最近我发现，这和"大企业无法创新的理由"是完全相同的。也就是说，大企业之所以无法创新，是因为"用一个 KPI 衡量三个不同的判断标准"。

以前在大企业工作的时候，我作为财务会计参与过"公司内的创新竞赛"。现在，在上升行业就职后，我终于明白了当时为什么会产生那么强烈的违和感。

表 6

项目	创造性	再现性	共鸣性
商业价值链	创造	扩大	创造利润
负责人	天才	秀才	凡人
衡量价值的指标	???（没有适当的 KPI）	事业 KPI（CVR、LTV、访问数、生产性等过程 KPI）	财务/会计 KPI（能够载入 PL、BS 的 KPI）

革新性的事业，用现有 KPI 是"绝对无法测量的"。

所有伟大的商业都要经历"制作、扩大、创造利润"三个阶段，但是适合衡量各个阶段的 KPI 却是不同的。其中，"扩大"和"创造利润"阶段的 KPI 很容易理解。"扩大"可以用"事业KPI"，"创造利润"可以用"财务 KPI"来衡量。商业发展的过程之所以如此科学，都是经营学发展的功劳。（详细情况请参照上面的表格）问题是"创造性"。换言之，没有用指标来衡量"是不是天才"的方法。

■ 创造性虽然不能直接观察，但可以通过凡人对其"排斥的程度"来间接衡量

总之，创造性是不能直接观察出来的。那是因为创造性的东西原本就不适用于现有的框架，所以也就没有框架。

但是，如果使用某个方法，就可以"间接地"观察到的话，这个方法就是"排斥的程度"。最简单的例子莫过于爱彼迎。爱彼迎和优步创业时，都遭到了社会的"强烈反对"。或者说，优秀的艺术需要某种"恐惧"。也就是说，如果观察凡人的感情，就可以间接衡量"创造性"。

下面我们用商业前后发展的逻辑性来进一步解释。

本来，企业**要想进行破坏性创新，就应该在 KPI 中设置"排斥的程度（和强度）"这一指标**，但这一般是办不到的。因为大企业是"在人数众多的凡人（普通人）的支持下运营的"。在KPI 中设置排斥的程度这一指标，加速企业创新速度，会给自己的公司带来破产的风险。这就是从人类动力学的角度来解释的破坏性创新理论（由克莱顿·克里斯坦森首创）。

那么，怎么办才好呢？怎么做才能保护天才呢？

按说三者能够协作的例子也很多。很多情况下，虽然交流的

"判断标准"不同，但"实际上说的内容是一样的"。因此，"**由于交流的断绝而导致的天才的泯灭**"只能是不幸的。

■ 防止世界崩溃的"三位大使"

以下三种人为防止交流断绝，发挥了重要的作用。

首先，是**被称为"精英超人"的**人。他们**兼具"高度的创造性和逻辑性"**，但是却完全不具备共鸣性。举个简单的例子，就比如在投资银行工作的人。

其次，是**被称为"最强执行者"的**人。这类人**无论做什么都很顺利**，"**非常精明**"。他们不仅把逻辑强加给别人，还能理解别人的心情。所以，他们能够引领最大多数人，在公司被称为王牌，而且，也最受欢迎。

最后一种是"**病态天才**"，用——**像本垒打击球手一样的创造者**——这种说法会更容易理解。这类人不仅拥有很高的创造力，而且由于也有共鸣性，所以能够明白凡人的感受，设身处地为他人着想。因此，能创造出爆发性的成功。但是，因为没有"再现性"，所以情绪起伏大，最终大多会自杀或生病。

世界之所以没有崩溃，大多是因为这"三位大使"。

■ 拯救天才的共鸣之神：大企业所需要的年轻才能和根回大叔理论

前几天，我和某位在"超级巨头企业"供职的人讨论的时候，注意到了一个有趣的问题。

那就是**大企业进行革新离不开"年轻有才能的人和根回大叔**"。我想将之称为"天才与根回大叔的理论"。

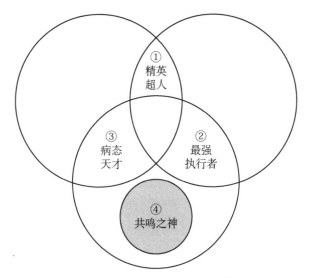

图 18　防止交流断绝的"三位大使"

　　众所周知，对几乎所有的大企业来说，"根回"都是极其重要的。要想开展新的项目，就必须事先与各个部门进行沟通并取得共识。天才虽然有"创造性"，但"再现性"和"共鸣性"的能力却很低，所以无法说服普通人。所以天才为了实现创新就需要一个能够"在背后支持他（年轻有才的人）的人"，即被称为"共鸣之神"的人。

　　我的想法与之完全相同。之所以这么说，是因为凡人里有一种人，他们"具有极高的共鸣性，能分辨出谁是天才"。这种人被称为**"共鸣之神"**。

　　共鸣之神会注意到人际关系的微妙之处。最终可以从人与人的关联图中看清"谁是天才，谁是秀才"，并理解天才的想法。被卷入太宰治殉情事件里的女人，就是一个非常容易理解的例子。

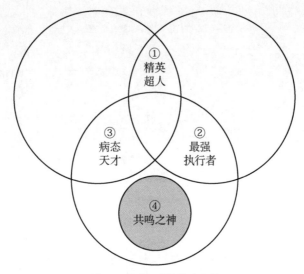

图 19　帮助天才的共鸣之神

　　很多天才都是因为不被理解才选择死亡的。但是，也有些天才被这个共鸣之神所理解、支持，才能勉强在世间生存下去。**共鸣之神因为是处理人际关系的天才，所以能够为天才提供助力。**

　　这就是**从人类动力学角度来看的"世界进化机制"。**

　　天才在共鸣之神的支持下，得以进行创新活动。而天才创造的东西，则被精英超人和秀才赋予"再现性"，通过最强执行者，与人们产生共鸣。以此来促进世界的进步。

■　为什么写了这篇博文？

　　为什么写了这样一篇意义不明的博客呢？

　　不久前，我和一家上市公司的董事谈话的时候，他这样问我，"北野先生，您写那个博客的目的到底是什么呢？说起来，您对人才领域有多少关注呢？"

说到对人才领域的关注，老实说，我对普通学生的就职支援并没有什么强烈的想法。因为，即使我们不提供帮助，也有其他出色的服务，所以他们一定能遇到好的公司。

　　但是，我强烈地希望能够帮助少数派。在这个世界上，特别是这个国家，被称之为天才的"和其他人稍有不同的孩子"绝对难以生存。如果我能正确理解他们的才能，并在后面推他们一把的话，那么我将不惜一切余力去做。因为我自己也是"日本社会的不适合者"。

　　只是，在此之前，还不了解支持天才的"理论"和"学说"。这次通过写这篇博文，我整理了自己的思路，希望以此来贡献自己的微薄之力。最后哪怕只有一个天才被拯救，也没有比这更有意义的事情了吧？

　　我对企业的想法亦是如此。我在人才市场方面最想做的事情之一，就是向朝阳产业介绍优秀人才。日本有很多"优良但却没有知名度的处于上升期的企业"。我坚信为他们提供帮助有利于社会的发展。但是，之前我没有那个实力。现在，托大家的福，为处于上升期的企业人才录用提供帮助的基础终于形成了。我希望能够实现这个愿望。